武士の日本史

武士の日本史

香港中和出版有限公司
www.hkopenpage.com

目錄

❁第二章 中世的武士和近世的武士

❁第三章 武器與戰鬥

目錄

❋終章　日本是「武國」嗎？

推薦序

從武士、武士之道到武士道

李世暉
京都大學大學院經濟學研究科博士，
現為政治大學日本研究學位學程教授

若提到代表日本的精神文化，武士道絕對名列前茅。日本隨處可見的櫻花，是絢爛而短暫的武士道美學體現；三一一大地震時，日本社會依舊井然有序，是武士道的克己精神體現；日本上班族的公司至上原則，源自武士道的忠誠精神；日本高中甲子園棒球比賽的燃燒自己、全力取勝的犧牲精神，是一種武士道修練。另一方面，在流行文化的影響下，海外對日本的關注，也經常聚焦在武士道精神上。

在二〇一三年與二〇二〇年均掀起收視風潮的日本連續劇《半澤直樹》①，就是一個具代表的例子。《半澤直樹》講述曾修習劍道的銀行員半澤直樹，堅持信念與銀行內外「敵人」鬥爭的故事。製作單位在主角半澤直樹的身上，投射了許多武士道精神的要素。首先是自我犧牲，《半澤直樹2》的大結局中，惡人受到應有的懲罰，但組織名譽也同樣受到損害。劇中堅守信念的角色，包括白井國土交通大臣、中野渡銀行董事長以及半澤直樹本人，均提出辭呈以示負責。

其次是以劍道來溝通。主角半澤直樹擅長劍道，是作者有意而為的人物設定。由武士技能衍生出的劍道，着重解讀與預測對手的行動，強調以沉靜的態度與瞬間反擊取得勝利。每當半澤直樹面臨重大困境，都會出現角色們透過劍道對決來剖解心理障礙的場景。因此，在故事的設定中，半澤直樹就是穿着西裝的現代武士。

最後是對組織的忠義。即便在銀行內部遭受到各種打壓，也被外放到不重要的子公司。但是，包括半澤直樹在內，從未對企業提出一絲怨言。這些現代企業武士的心中，重要的不是在哪工作，而是如何去工作。因此，無論在組織的哪個部門工作，都能為組織貢獻，也能為社會貢獻。

① 編按：二〇二〇年播出的為續集《半澤直樹2》。

被視為日本文化象徵之一的武士道精神，究竟從何而來？在回答這個問題之前，首先要回答武士從何而來？從歷史文獻的角度來看，中世紀時期的日本，武士原本被視為具有「藝能」（技術與能力）的社會群體。之後隨着律令制下「国衙軍制」①的推行，一方面形成了專職兵事的武官團體，另一方面也出現以武藝和兵事為家業的特定家族，亦即武士階級的產生。在政治社會環境與家族教育影響下，中世紀時期的日本武士，不僅是一種政治職位，也是一種身分地位。

接受文武合一教育的武士階級，長期位於近代日本政治體系運作的核心；在各階段的歷史發展進程中，扮演着重要的角色。不同的時代，武士保護的對象有所不同；從鎌倉時代的「家」、室町／戰國時代的領地，到江戶時代的主君。值得注意的是，經過長期的發展，武士的日常生活規範，以及其所肩負的義務，逐漸內化為群體的固定價值觀。出身於武士家庭的小孩，從小就被教導必須服膺忠義、守信、簡樸的行為規範。這條行為規範的「道路」，引導着武士的後代走向武士之道。此一武士之風，也逐漸影響日本的一般庶民。例如，血氣方剛之人效法武士的報仇，重視名譽之人效法武士的切腹，貿易商人效法武士的守約等。

① 編按：指從上古晚期到中世紀初，即十至十二世紀在日本建立的國家軍事體系。

然而，進入明治國家創建時期，日本的國家體制與政治體制出現重大變革。明治政府頒佈的徵兵令與廢刀令，剝奪了武士階級的特權；但在政治權力上，以武士為主的士族，依舊掌握政治與經濟的權力。在此環境下，盛岡藩（今岩手縣中部至青森縣東部地區）武士後代的新渡戶稻造，於一九〇〇年在美國出版了以英文撰寫的《武士道》（*BUSHIDO, The Soul of Japan*）一書，該書將武士階級的生活規範、責任義務與價值觀念，有系統地納進「義、勇、仁、禮、誠」的概念中，建立了「武士道」的道德體系。自此之後，從中古世紀發展而來的日本武士之道，一躍成為代表日本倫理道德觀念體系的武士道精神。

弔詭的是，在流行文化普及的當代日本社會，多數人是從武士道精神中建構日本武士的意象，而不是從歷史中的日本武士描述來建構。在這樣的情況下，我們認識的武士，並不是歷史存在的事實意象，而是主觀詮釋的想像符號。NHK大河劇、時代劇電影，或者是歐美文本中對日本武士的描寫，進一步強化了「武士」符號的內涵。為了釐清此一重要的認識轉折，有必要重新透過歷史文獻，來尋找日本武士的起源。

神戶大學榮譽教授高橋昌明撰寫的《武士の日本史》（日本武士史），為現代人理解真實的日本武士，開啟了一扇重要的門。讀完這本書，彷彿經歷了一場日本武士的「歷史巡禮」。高橋昌明教授是日本中世史專家，於一九九九年就以「積極的武士／消極的貴族」概念出發，撰寫《武士的成立與武士像創造》（武士の成立　武士像の創出）一書，剖析日本歷史上兩種截然不同的武士圖像：無為頹廢的都市武士與勤勞簡樸的莊園武士。二〇〇九年之際，又撰寫《平家群像：從故事到史實》（平家の群像　物語から史実へ）一書，從歷史資料中解讀平家武士的真實面貌。

本書延續高橋昌明教授一貫的寫作風格，以詮釋下的符號切入論述主軸，再輔以詳盡的歷史文獻，釐清歷史上日本武士的描述，與現代社會中的日本武士想像，兩者之間的不同，以及導致認識或理解分歧的背景原因。在序言中，即以日本時代劇（古裝劇）的主角形象出發，娓娓道出事實與歷史之間的差異。其後，透過文獻的爬梳與歷史制度的分析，勾勒武者、武士與武家的發展脈絡。日本戰國時期的知名人物，諸如豐臣秀吉、德川家康等人，都有出現在本書的文字脈絡之中。

當然，談到日本武士，就不能不提到「武士刀」。無論日本國內還是國外，武士刀被認為是日本武士的標準配備。不過，本書透過史料記載告訴讀者，早期武士在戰場上使用的主要兵器是弓箭，而不是武士刀。要到十四世紀之後，武士刀才逐漸成為戰場上武士使用的兵器之一。因此，對歷史上的武士而言，弓騎訓練的重要性，在大多數的場合是高於劍術與劍道。這個觀點，相信會顛覆許多讀者對日本武士的認知。

最後，還是要回到讀者們耳熟能詳的「武士道」精神。本書特別引用十八世紀初期的《葉隱》（はがくれ），重新檢視武士道的核心精神：死亡。無論是為主君捨命的「奉公」，還是徹底否定私心的獻身，都是以死之高潔、對死的覺悟為根本的應守之道。武士只有在貫徹對死的覺悟之際，才能取得精神上的優越性，進而產生壓倒別人的強大力量。這樣的覺悟，必須在武士的日常生活、行為規範中持續修練而來，而不是單純的「置之死地而後生」。

值得注意的是，在中國的《說文解字》中，「道」這個字原本是用來稱「所行之路」。進入諸子百家爭鳴的春秋時代，「道」字逐漸具有「萬事萬物運行法則」之意涵。此一從「道路」到「法則」的過程，在不同的主張中會有不同的方法，由此形成百家的哲學基礎。中世時期日本武士的行為規範，發展至今日的武士道精神，自有其歷史背景與文化基礎。誠如高橋昌明教授所言：學習日本武士史在當下也具有實際意義。期盼讀者們能與我一同跟着這本書，回到日本武士意象的起點；並從歷史的真實武士形象、武士之道與武士道精神出發，重新認識「武士之國」日本。

前言

古裝劇的主角

丁髷的起源

我們說起武士就會想到古裝劇的主角，說起古裝劇就會想到武士。事實上，日本大多數古裝劇是關於江戶時代的，所以主角就是江戶時代（根據情況，下文也會使用「近世」一詞來指代這一時期）的武士。為了表現那個時代的特色，會用到一個叫「丁髷」的小道具。

丁髷很像「丶」（chōn）①的形狀，故得此名，是以武士為代表的成年男子的一種髮髻的紮法，即將額頭至頭頂部分的頭髮剃光，再把「本取」（「もとどり」motodori，即髮髻，指將頭髮紮在頭頂的地方，也指髮髻本身，又稱「たぶさ」tabusa）向前折起來。這是江戶中期以後普及的髮型。

若是萬屋錦之介和中村吉右衛門（二代）等現代演員在電視和電影中以丁髷形象登場的話，我們不會感到一絲違和感，因為他們身着羽織和袴，腰間還配着兩把刀。但如果一個梳着丁髷、穿西裝戴領帶的人過來搭話，我們定會張皇失措吧。最讓人感到違和的是那從額頭到頭頂剃光的「月代」（月額）。儘管從世界範圍看，近代以前有很多非常奇特的髮型，比如中國滿族的髮辮或印第安人的髮型，但丁髷是其中的佼佼者。據說，幕末時期乘着黑船來到日本的歐美人，看到日本人頭頂上都放着把手槍，非常吃驚。這說法的真偽無從考證，興許是有的。

我們簡單梳理一下丁髷的歷史。首先，在古代，擁有官職的男性會模仿中國的禮儀戴冠，戴冠的時候把頭髮全部束起來，在頭頂上紮一個髻，這叫「冠下髻」。其次，到了平安時代以後，除了冠下髻的髮型，元服後的中世男子還會戴烏帽子，紮髮髻。所謂烏帽子，

① 日文平假名中表示疊字的符號。（本書腳注除個別說明外，均為譯者注。）

是指塗成烏鴉羽毛一樣黑的帽子。與用於正裝的冠不同，烏帽子是和日常服裝搭配的戴在頭上的袋狀物。紮髮髻的時候，稍微捲起「元結」（束髮用的細帶），多取一些髮尾，用繩子將其和烏帽子的後腦勺部分繫起來，這樣運動起來烏帽子也不會掉。

在中世，根據身份和場合，烏帽子的形狀和塗法各異。原來是用薄絹和生絲簡單編織的布製作的，後來就用紙作為材料，塗上漆加固。烏帽子甚至普及至庶民階層，成為不可或缺的日常用品，人們平時在家裡也會戴，睡覺時甚至男女合歡時也不會取下來。正因為如此，讓別人看到自己沒戴帽子（露頂）的樣子，被認為是粗俗的或有損對方名譽的行為；而割掉髮髻部分，就意味着否定自己作為世俗之人的意志（出家）。日文裡有個詞叫「本鳥切」，指無端割掉別人的髮髻，這在當時是與「強盜、盜竊、夜襲、放火、殺人」等程度相當的罪行（《鎌倉遺文》一七七二九號）。

用鑷子還是剃刀？

大致從鎌倉時代起，剃月代的習俗在武士之間傳播開來。關於其起源，眾說紛紜，比較有說服力的說法是武士剃月代是為了防止「氣血上湧」。在戰場上，即使頂着頭盔，武士也會戴烏帽子。那時戴的就是柔軟的「揉烏帽子」，在頭盔的頂部開一個剛好能讓烏帽子頂端露出來的孔。因為戴着烏帽子和頭盔，在進行戰鬥這種非常激烈的活動時，頭部會被捂得很熱，於是氣血上湧，頭部就會充血。據說從額頭往上剃光是為了防止這種情況出現。雖然以前戰爭結束後武士就會讓頭髮長回來，但到戰國時代，剃月代變成了常態，成為風俗固定下來。另外，有個叫作「鉢卷」的詞，在鎌倉時代到室町時代，是指人們武裝時為防止頭盔下的烏帽子位置偏移，將其邊緣捲起固定，亦指用來固定的布。人們不戴烏帽子時也會繫上這種護頸，不讓汗從月代流下來。

也是在戰國時代，之前的身份制度動搖，社會秩序混亂，這也表現在風俗習慣上。不戴烏帽子，露出頭頂的做法逐漸變得理所當然。頭髮每天都會生長，保持整潔的月代很費功夫，要用剃刀或鑷子來理髮。人們剛開始是用鑷子，這是一種將金屬棒折彎用以夾住頭髮的工具。

後來出現了梳頭匠這種職業。「《洛中洛外圖》屏風」描繪了戰國後期和近世初期的京都景象，其中也有梳頭匠營業的場景。上杉本「《洛中洛外圖》屏風」裡，畫了一家開在現在中京區錦小路新町附近的店，梳頭匠用鑷子給客人拔頭髮，還有另一個人自己在用鑷子拔。掛在柱子上的招牌上畫着兩把梳子、剪刀、鑷子、元結和鬢盆（盛梳鬢所用之水的小盆）（圖〇—一）。這屏風畫的大致是比永祿八年（一五六五）稍早時期的景觀。

另外，舟木本「《洛中洛外圖》屏風」描繪了鴨川上的五條橋西邊（即現在的五條大橋

圖〇一一・梳頭匠用鑷子拔頭髮，左邊的柱子上掛着店的招牌。（《洛中洛外圖》屏風，局部，米澤市上杉博物館館藏）

處。現在的五條路相當於原來的六條坊門小路）的一家小攤檔（床店、床見世①），梳頭匠用剃刀給坐在凳上的顧客理髮。旁邊掛着招牌，上面畫着兩把梳子、剪刀、剃刀和元結。這表明剃月代的工具從鑷子演變成了剃刀。該作品是慶長十九年（一六一四）前後完成的。當然，理髮是收費的，所以貧窮的武士和平民都偏好鑷子。有人說，用鑷子拔頭髮時「黑血從頭頂流下，慘不忍睹」（《慶長見聞集》卷四），想必相當痛苦。從天正年間（一五七三—一五九三）中期開始，使用剃刀理髮的方式變得普遍起來。

① 編按：江戶時代一種簡易的小商店，可以輕鬆移動。

髮型與身份

前近代人與人的關係就是身份與身份之間的關係。為了維持安定的社會生活，人們無論何時何地都必須瞬間了解自己和他人的身份關係，採取和自己身份相符的行動。為此，服裝、帽子、髮型、鞋子等顯示身份的標識就很有必要了。也就是說，這些是從外表一看就明白的標記。當然，髮髻也是其中之一。

月代日益普及，在頭上戴東西的風俗荒廢後，髮髻的種類也多了起來。把髮髻往上折回，再從根部繫起來，這就是所謂的「二折」。這種髮髻形式產生了很多分支，武士和町人①的區別就不用說了，根據從事的職業不同，各人的髮型也有變化。比如，町人的髮型稱作「髱」（たぼ）（tabo），後腦勺的頭髮向後凸出一大塊。江戶中期以後的髮髻形狀在以前的基礎上分成了以本多風為首的三個流派。所謂本多風，是指將髮髻的七分向前，三分向後，將髮髻捲得很細很高。據說它起源於德川四天王的本多忠勝家中②武士的髮型，這

① 住在城市裡的工商階層。

② 「家中」可以理解為家臣，是進入戰國時代之後史料上常出現的一個詞。目前，日本學界對「家中」與家臣的區別還沒有明確的結論。相關的最新學說可參照村井良介〈戰國時期「家中」的形成與承認〉（戦國期における「家中」の形成と認識），《歴史評論》八〇三號。

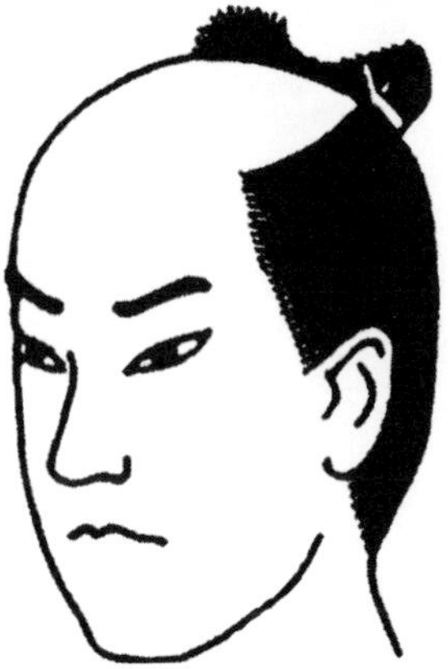

圖〇—二・本多風的髮髻

圖〇—三・江戶中期出版的刊物《當世風俗通》，其中一頁刊出時下最流行的八種髮髻，如古來本多、今兄本多等。（藏於日本國立國會圖書館）

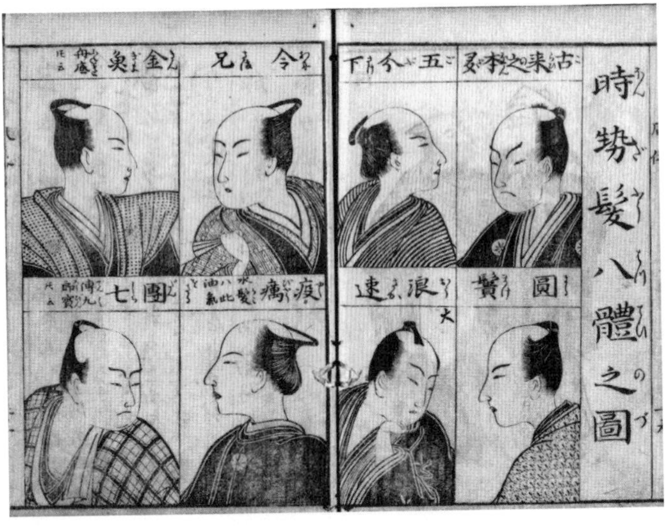

也是最終定型下來的男性髮髻（圖〇—二）（圖〇—三）。因此本多風的髮髻種類最多，有「ぞべ本多」「豆本多」「本多くずし」等很多名稱流傳下來。

如果把月代看作防止戴烏帽子加頭盔引發的腦充血的方法，我們不禁會有疑問：為何町人和百姓也剃月代？對此有解釋說，因為民眾也作為雜兵奔赴戰場。也有人認為，到戰國時代為止，戰場上的武士們在儀表上的講究到了謳歌和平的年代變成了人們廣為接受的時尚。甚至有人認為，受歧視的「穢多」被禁止用元結繫髮，或者被強制梳茶筅頭（和沖泡抹茶時用的茶筅相似的髮型），不能剃成月代；而百姓和町人害怕和「穢多」混同起來，就紮了丁髻。但是現在並沒有一種解釋能得到確鑿的史料支撐。

疑惑之處

江戶時代以前，武士只有打仗的時候才會剃月代；到了江戶時代，月代才真正變得普遍起來。然而，除了初期，江戶時代是沒有戰爭的和平年代。作為武士象徵的月代卻在和平年代完全普及，連百姓和町人這些非戰鬥人員也留起了月代，這不是非常不可思議的麼？

這只是其中一例，關於武士或者武的疑問還有很多。比如，在中世以前有很多非武士的「侍」，江戶時代也有少數。侍到底是甚麼？為甚麼武士會被稱為侍？另外，很多日本人都喜歡城，但人們印象中的「城」——高聳的白色天守閣，寬闊的護城河，需抬頭仰望的石垣——在戰國末期以前是不存在的。提起武士，我們就會聯想到刀，但自古以來武士被稱作「擅長弓箭」之人，而不是「擅長刀法」的，這是因為長期以來象徵武士的武器是弓箭而並非刀。但為何是弓箭呢？

產生上述各種疑問和錯誤印象的原因之一，在於江戶時代的武士和戰國時代以前的武士差異極大。戰國以前武士的歷史很長，雖然和江戶時代也有連續、相通的一面，但一般的讀者可能幾乎連兩者有差異的這點都沒有意識到。本書將從武士的起源講起，一直到存留至近代的武士意識，即涵蓋所有和武士相關的歷史，並講明各個時代的特徵。幸運的是，近年和武士相關的研究進展迅速，本書將把這些新的成果儘量簡單易懂地介紹給大家。筆者雖能力有限，但會努力讓讀者們發現意想不到的武士形象，進而不受常識的束縛，用一種新鮮的方式去看待日本的歷史。下面在進入正題之前，請大家做下熱身運動，放鬆一下僵硬的頭腦。

探討「武士的誕生」

武士是如何誕生的?從「常識」來說，武士是平安中期抵制貴族統治的新興勢力，誕生於地方，特別是東國①的農村。讀者們在學校學到的一定是這樣的吧，筆者也一樣。要想從頭開始思考武士的歷史，必須先徹底批判這個「常識」。當然，從古代末期到中世的武士中很多是以地方農村作為自己的根據地的，這點沒錯，但這並不等同於武士是從農村誕生、發展起來的，這個「常識」其實並無確鑿的根據。這種關於「武士的誕生」的觀點，很大程度上受到了江戶時代的學者們為了復活「質樸剛健的武士」形象而提出的「武士歸農論」的影響。也就是說，這是後世賦予武士的形象。

到了江戶時代，沒有了戰爭，隨着經濟的發展，人們開始追求寬裕的生活。收入有限的幕府和各藩出現了財政困難，而居住在城下町的武士卻對太平時代習以為常，流於奢侈，忘卻了武士的風紀，變得軟弱無力。為應對這種事態，以熊澤蕃山為代表的很多江戶前期的儒者，開始倡導武士歸農（扎根農村）論。為了增強已變得軟弱的幕藩軍事力量，他們非常認真地提倡消除兵農分離，讓武士扎根於農村，有事之時率領農民參加戰鬥。當時的武

① 編按：東國是大和朝廷（公元四—七世紀）對東海道鈴鹿關、不破關以東地方的稱呼。

士已失去戰士的資質，毫無見識，在日常生活中也風紀不佳。武士歸農論被認為是讓武士恢復作為統治者的力量和質樸剛健的好風氣的有效措施。

當「必須回歸中世以前，將統治根基打在地方」這種論點被不斷提出後，人們就會強調武士居住在農村、成長於農村的觀念。比如江戶中期的儒學者荻生徂徠就斷言：「當今武士如公家，何用之有？」他還就武士出現的歷史進行如下說明：

古來武士皆為「鄉民」。戰爭之時，在公卿與地方長官的徵召下，取敵人首級，得莊園為賞賜。但因終為「鄉民」，並無一官半職。公務皆與武藝、戰爭相關，故代代口傳「吾乃騎馬射箭之家，吾乃武士」。然而時過境遷，世襲官職之弊害令公卿多出愚鈍凡庸之輩，武士卻出豪傑。天下終成武家之世。（《太平策》，成書於一七二一年前後）

徂徠的弟子太宰春台也寫了下面這段話：

過去的武士和現在的武士不一樣。他們居住在村裡務農，和現在的富裕百姓一般。把鎌倉時代的三浦、畠山之輩想成當今的大名是錯的。當時把他們稱作「大名」，是因為村落有「名田」（古代、中世的徵稅單位，以交稅責任人的名來冠名。曾被認為是以所有者冠名的私有地），在持有「名田」者中，家裡富裕且雇傭大量僕人的人就被稱作「大名」。（《經濟錄》，成書於一七二九年）

武士現在雖然變得和公家①一樣，但如果說武士的本源並非墮落軟弱的市民，而是質樸的鄉民，人們就會很自然地認為，武士的根源不是在沾染了華美奢侈之風的近畿地區的農村，而是在閃耀着未開之地的光輝、充滿樸素剛健之風的東國（廣義上指畿內以東，狹義上指關東）農村。

於是，現代的「常識」就這樣誕生了：京都的貴族們終日沉浸於儀式與享樂，在碌碌無為和頹廢中迷失了未來；而作為新興勢力的武士，在地方勤懇地經營農業、開拓土地，茁壯成長，終於，武士壓倒了貴族，取代了貴族，開創了嶄新的武家之世——鎌倉時代。並且，明治之後的近代歷史學將這種觀點打造得更為精密，甚至與戰後一段時期內的歷史學的主張——世界史沿着奴隸制度—封建制度—資本主義制度這個軌跡有規律地發展（國別史也是如此，儘管有發展快慢的區別）——結合起來。於是，作為封建制領袖的武士被認

① 編按：為天皇或朝廷工作的貴族、官員的泛稱。

為是從古代到中世（封建社會）社會進步的啟動力量。

後來，中世史學界對上述這種單線的、機械的發展史觀進行了批判性檢討。上述觀點已經過時，但一般來說，這種理解依舊是日本人的常識，幾乎所有的歷史小說和電視劇都將該觀點作為理所當然的基調。我們有必要再次根據事實來探討到底這種觀點是否正確。

第一章

何為武士——從起源史的角度

一　稱為武士的藝人

武士即藝人

首先，我想從武士產生的時代，即古代和中世談起。在這個時代，武士是藝人①。第一次聽說的人也許會感到驚訝，但這並不是賣弄玄虛的奇說。在最近的武士研究領域中，這個說法得到了大部分學者的承認。

證據如下。《普通唱導集》是稍晚於乾元元年（一三〇二）成書的佛教相關書籍。此書將世間的人總共分為四種，即「世間、出世間的兩種聖靈」和「世間、出世間的兩種藝能」。「世間」指世俗之人，「出世間」指脫離俗界，即出家進入佛道的人。

「世間的聖靈」部分列舉了國家統治階層的範圍，以及屬於親屬、主從等關係的人。「世間的藝能」部分列舉了相當於今天的藝人的群體，比如遊女、白拍子（穿男裝唱歌跳舞的遊女）、擊鼓人、猿樂（從事滑稽的模仿表演和口技的藝人）、琵琶法師等；還列舉了漆器工

① 日文原文為「芸能人」。

藝師、抄紙工、鐵匠等手工業者，文士、全經博士、紀傳博士、天文博士、算數博士等各種學者、博士，商人、町人等社會階層；居然還列舉了仲人（以調停為職業的人）、賭博的人等，可謂多種多樣。我們注意到，武士也被列入這一部分。

「藝能」這個詞原本是「藝」和「能」的複合詞。在古代中國，「藝」有才能、技術、學習等意思，「能」指善於處理事務的才能和才藝。在《史記》中，「藝」和「能」合在一起成為熟語，指與學問相關的技術和能力。在日本，「藝能」一詞最早出現在古代的律令制中，指宮中的醫療醫藥機構錄用的醫學生的學問。之後，該詞被廣泛用在學問、武術、美術、歌舞樂曲、遊戲等領域，指人們通過練習掌握的各種技術和能力。

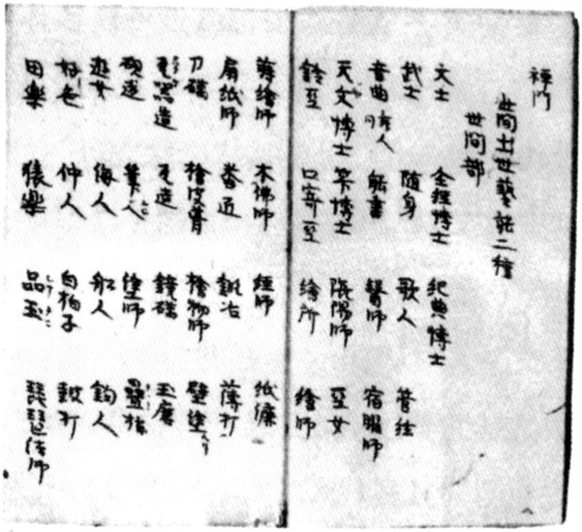

圖一—一・「世間、出世間的兩種藝能」的「世間部」，第二列第一個為「武士」。（《普通唱導集》，東大寺圖書館藏）

《普通唱導集》中出現的「藝能」正是出於上述用法，不單指遊藝和娛樂，還廣泛包含學問、技藝、技術等才能、能力之意。換言之，「世間、出世間的兩種藝能」指的是存在於聖俗兩界的各種各樣的社會分工。武士本來指的是通過「武」這種「藝」（技術）與其他社會成員區別開來的群體。天慶二年（九三九）東國爆發了平將門之亂，在記錄其始末的《將門記》中，將門說道：「天賜予我的資質是武藝，細數起來，同伴中有誰能比得過我將門？」

要將某種藝能延續下去，從業者必須不斷磨煉自己的技藝能力，吸取新的技術，並將其傳給後繼者。藝能的習得與實踐的程度，或者從中獲得的方法和技術被稱為「道」。中世武士的「道」被稱作「兵之道」。「兵」指拿武器的人，簡而言之就是武士，但也可以讀作 ikusa（いくさ），指武器和武具（在本書中，用「兵」表武士之意時，將其讀音標記作「ツワモノ」tuwamono）。於是，從「兵之道」（ツワモノの道）到「賭博之道」（《平安遺文》三七六號），世間存在很多「道」。

職業身份

大多數人認為普通武士也稱作侍，兩者是一樣的；但歷史學不這麼看。在古代和中世，大多數武士是侍，但也有很多非武士的侍。為了讓大家理解這一點，有必要深入說明一下平安中後期和鎌倉時代的身份秩序。

筆者認為，在這段時期的世俗世界中存在三種不同類別的身份：職業之別，出身之別，由公私兩面的支配關係產生的上下之別。而這三種身份又是相互深刻影響的。首先，各種各樣的藝能（職業）將人們聯結起來，社會因此得以運轉。當某種藝能作為「家」（為區別於近代的家族制度，本文統一使用「家」來表示）的職能固定下來時，一種身份類型就產生了，叫作職業身份。日本中世的職業身份大概可以分作以下三種：（1）文士、武士；（2）農人、浦人、山人等；（3）各道細工。文士指從事儒學、文學等學問工作的人；農人、浦人、山人指從事農業、漁業、林業等第一產業的人；各道細工指的是手工業者。

出身身份

出身身份是建立在「家」的社會等級（門第的高下）上的，可以歸為四大類：（1）貴族以上；（2）侍；（3）百姓（平民）；（4）這三類之外的人。決定了「家」的社會等級的是「家」（的代表者）代代傳承的官職和位階，特別是位階（國家官僚和官吏的序列與等級，表示和天皇距離的遠近）。律令制中，從最頂層的「正一位」到最底層的「少初位下」，共有三十級位階。貴族指的是位階在從上往下數到第十四級（實質上是第十一級）的「從五位下」

以上的人。十世紀之後，「正六位上」某種程度上意味着站在進入貴族的大門前，而「正六位下」之後的十五級位階則形同虛設。

侍的身份就處在六位這一級別，根據平安中期以後的史料，以官職的角度來說，侍大概屬於中央官廳的三等官級別。在律令制中，中央官廳、地方官廳、役所都設置有四個等級的常勤幹部，即長官（カミ）（kami）、次官（スケ）（suke）、判官（ジョウ）（zyō）、主典（サカン）（sakan），稱作四等官（每個官廳中的四等官稱呼，所對應的漢字都不一樣）。在古代和中世，次官和判官（三等官）之間有非常大的差距，在身份上有無法跨越的鴻溝。

與此相對，百姓是沒有位階的庶民。因此，侍指的是貴族和百姓之間的社會中間層。而這三種身份之外，還有第四類人，如沒有生活所依之「家」的人、年老無偶之人、孤兒、年老無嗣之人，等等，他們在世上無依無靠，沒有身份。在中世被歧視的身份（「非人」），就是從這些人中產生的。

歸屬身份

在王家（天皇家）的家政機關（藏人所、內藏寮、御廚子所等）中，在承擔國家政治、軍事、宗教等職能的攝關家、幕府、大寺社等「權門勢家」（有權有勢的門閥家族）中，甚至在承擔皇城警衛工作的各種各樣的官廳（左右近衛府等）中，都存在一定程度的人身支配（這種現象後來消失了）。平安時代之後，律令制的性質發生變化，國家機構縮小，並進行了統合重組，這些官廳和機關的業務由世襲各長官職位的特定貴族家族承包了。上層家族與被支配的下層家族縱向結合，並產生了需要承擔的義務，與此同時，被支配的人們就根據這種義務來要求某種權利。被支配的身份就這樣產生了。還有另一種被支配身份，它完全產生於私人的主從關係。這兩種支配身份稱作歸屬身份（筆者創造的詞語）。

歸屬身份包括被稱作「家人」①的隨從、「供御人」（以向神社或朝廷供奉食物為義務並享有特權的人和集團），以及「寄人」「神人」（屬於自己居住地的領主之外的權門寺社，為其從事雜務的人）等。鎌倉幕府的首長被敬稱為鎌倉殿，與他形成主從關係的「家人」，承擔着守護國家這種幕府的公共職責。稱呼他們時就特別加入「御」字，即御家人。

侍≠武士

出身、職業、歸屬這三種身份類別，以帶有強烈的國家意志的出身身份類別為中心，大

① 與中文的家人意思不同，在本書中統一加引號以示區別。

概都是相互對應的。比如，文士和武士的出身身份幾乎都是侍，其最上層由下級貴族組成。武士以武藝，文士以文藝侍奉權門家族。所以不管是在當時還是後來，侍並不全是武士。侍雖是出身身份，但這個名稱是從「さぶらふ」（saburau，指在貴人或者上級領導身邊一直侍機守護）的名詞形式「さぶらひ」（saburai）演變而來的。從侍奉的意思來說，侍也是歸屬身份。鎌倉幕府的御家人是服侍和侍奉鎌倉殿的歸屬身份；從出身身份來說是侍；從職業身份來說，大部分是武士，一小部分是文士。農人、浦人、山人與各種手工業者，從出身身份來說是百姓或者「凡下」①。正如有非武士的侍，也有非常多不是農民的百姓。這點是需要注意的。

作為家業的藝能

讓我們回到藝能的話題。如前所述，藝能有被特定的「家」繼承的傾向，這種情況下，藝能作為家業由子孫們傳承下去。技術和技能雖然是知識的一種，但其作為家業和家職，特權地、命中注定地、因襲性地固定在特定的「家」中。這是因為前近代的技術，基本是和

① 編按：指普通民眾。

人的身體一體化的知識，是經驗性的東西。

在近代社會，知識從活生生的人身上分離出來（即成為客觀的知識），通過學校、教師和教科書，被集團性、系統性地教授。前近代社會則與其不同，通過人與人的身體和五感，就事論事地、非系統性地、忘我地被傳授與習得。用腦記住的知識（knowledge）和用身體掌握的技術（skill）雖有不同，但當時對知識的需求比近代要少很多，所以要培養技術的承擔者，這種傳授模式已經足夠了。

另外，站在藝人的角度來看，作為職業人，為了保住自己的立場，一般會在一部分人或者家系之內獨佔技術，不願意將其公開，這就讓技術變得帶有封閉性和秘密主義。正如現代歌舞伎的世界一樣，繼承者從小就在相應的環境中接受熏陶，接受培養，這是家業積極的一面。但這種傳統會成為束縛，有時會成為阻礙人格多面發展和技術進步的要因。另外，世襲是從一開始就決定了繼承者，由於不存在競爭，技術水平就難免降低。為了解決這個問題，日本從平安時代起，就在法律上認可不讓能力較差的親生兒子繼承「家」，而讓養子（包含異姓養子）來繼承家業的行為。

兵之家

這樣一來，武士不僅僅是通過「武」這種藝（技術）將自己和他人區別開來的社會群體，還必須是被稱作「兵之家（ツワモノの家）」「武藝之家」「武器之家」等以武藝為家業的特定家世的出身者。十一世紀代表性的武士、河內源氏一族的賴義就「出身於代代武勇之家」（《續本朝往生傳》）。鎌倉初期成立的《澄憲作文集》把「武者」解釋為「身既勇士，家亦武勇」，《普通唱導集》也將「武士」解釋為「生於武勇之家，從一開始就認真修行此藝，從事弓箭之道，內心認為自己已經熟習該藝能」的人。接下來的南北朝還出現了這種說法：「積累數代，弓箭之家業越發強大，展示武勇之威風。」家業的「業」一般指謀生的職業，而平安末期的漢字、漢語讀法集大成之作《類聚名義抄》列舉了「業」的訓讀有「ナリワヒ」（nariwai）「ツトム」（tsutomu）「ミチ」（michi）等。所以，以武藝為家業就意味着在從事家族謀生的職業的同時，還要承擔家族的責任，將「兵之道」作為「家」之道。

單是個人擅長武藝的話，還不是武士。要成為武士，就要出生於「兵之家」，最好還是「繼承家業之兵」（《今昔物語》卷二五第七，等等）。《續本朝往生傳》（続本朝往生伝）說，一條天皇（九八六—一〇一一年在位）時期，各行人才輩出，武士中列舉了源滿仲、源滿正（政）、平維衡、平致賴、源賴光這五人的名字。他們才是兵中之兵，是那個時代的代表性武士，典型的「繼承家業之兵」。據說，滿仲之子賴信對其主君——藤原道長的長子賴通說道：「我有三子，請您將長子賴義當作武者來使喚，讓次子賴清擔任藏人（在天皇身邊處理宮中所有事務和活動的藏人所的職員），字（真名之外的名，亦指別稱）音羽入道的三子是不中用的。」（《中外抄》）對於賴信來說，只有賴義是「繼承家業之兵」，別的兒子都不配做武士。

何為武士的武藝？

想必大家都已經理解了武士是藝人，即以武藝為家業的特定家世的出身者。那麼接下來我們來談武藝的內容。在平安和鎌倉時期，武士的戰技並不是說只要能擊斃敵人就可以了。

《新猿樂記》據說是十一世紀著名學者藤原明衡晚年的作品。它以居住在平安京右京的右衛門尉一家在某天夜裡前去觀賞猿樂的角度，用教科書式的風格列舉了大量男女的職業和生活狀態，描繪了社會的一個剖面，是平安文學史上特別值得關注的作品。其中就有「天下第一武者」的出場。據記載，這名「字元，名勳藤次」的武者乃「合戰、夜討①、馳射、

① 夜襲。（對此處的引用，譯者只對在下一段正文中沒有說明的專有名詞進行解釋。）

待射、照射①、步射、騎射、笠懸②、流鏑馬③、八的④、三三九⑤、手挾⑥等上手也」，可知他擅長弓箭，特別是騎馬射箭的功夫十分了得。從《新猿樂記》這部作品的特點來看，勳藤次並不是實際存在的人物，而是作者創作出來的理想化武士。但由此可知，當時出類拔萃的武士必須精通某一技能。

從《新猿樂記》的語境來看，馳射和待射、騎射和步射是對應的。待射指靜態地迎擊敵人（獵物）；與此相對，馳射指動態地、騎着馬奔馳射殺敵人；步射指徒步站立狀態下的射擊；而騎射指騎在馬上的射術，和成書於十世紀的日本最早的分類漢和辭典《和名抄》中的「馬射」是一個意思。馳射和騎射在內容上有重合，但前者訓讀為「オモノイル」（omonoiru，和名抄），所以是指在戰場或狩獵場上，從敵人後方追趕射箭的「追物射」技

①獵人夜晚在山中打獵時，點起篝火或者火把，讓鹿的眼睛因火光的反射而發光。獵人便以反光的鹿眼為靶子將鹿射殺。
②騎馬射斗笠，是一種射箭技藝。
③騎射比武。騎馬邊跑邊依次用三支響箭去射靶。
④騎射的一種。靶子被設置在八個地方。
⑤指「流鏑馬」的靶子。
⑥騎射的一種靶子。雙手拿箭，一支箭立在箭台上，再擲出剩下的三支箭。

術。「騎射」中的「騎」指的是跨坐在馬上，所以騎射是個總稱，指騎在靜止或者移動的馬上的射術。《新猿樂記》接下來列舉了笠懸和流鏑馬等馬場上的競技，所以騎射不僅包括戰場上的射術，還包括馬場上瞄準靶子的競技之藝。「前九年合戰」（參照第78頁）中的源義家，「強勇過於常人，騎射技術如神一般。在白刃中穿梭，突破重重包圍，來到賊兵的側面，把巨大的鏑矢搭在弓弦上，接連不斷地射向賊軍。箭無虛發，敵人應聲而倒」，這便是描寫戰場的例子（《陸奧話記》）。

馬和身份

古代和中世的武士被稱作「弓馬之士」，武藝被稱作「弓馬之藝」。武士必須是騎乘之士。但在日本，並不是誰都被允許騎馬的。在律令制下，騎馬是有官位的官吏的權利和義務。在日本效仿的中國隋朝和唐朝，作為統治者的貴族和官僚全部是騎馬的。說起貴族，想必大家都會想起中流以上階層才被允許乘坐的牛車等。貴族乘車的習慣是受中國的影響，從九世紀以後才變得正式起來，並不是說上流貴族乘坐了牛車，就不再有騎馬的習慣了。因為天皇行幸時，騎馬扈從是貴族們的義務。連最上層的貴族藤原道長也是騎馬的名手，據說長和二年（一〇一三）十二月，三條天皇前往賀茂行幸時，有匹「名聲在外的馬，性情暴躁」，而道長卻能熟練地駕馭它（《大鏡・太政大臣・道長上》）。

馬代表着榮譽、身份、權威，特別是對於王侯和戰士來說。跨坐在大型動物之上的行為，以及從馬背上獲得的開闊視野，都讓騎馬者情緒高昂。此外，馬還是神經質的動物，飼養起來需要耗費很多工夫和資金，要想順利地駕馭它，人和馬都需要長期的訓練。這些條件對於一般人來說都是相當困難的。馬是「貴族的動物」（勒魯瓦・拉迪里），正因為如此，它是能給人帶來社會威信的財物。

鎌倉幕府也受到古代對騎馬資格規定的影響。給各家從事雜務的雜色（下級用人）、給幕府從事雜務的下級職員和下人，以及各種各樣的手工業者，即被稱作百姓和凡下的一般民眾是被禁止在鎌倉市中騎馬的。與此相對，大部分御家人是侍的身份，其中一小部分還是下級貴族，所以當然有騎馬資格。

騎馬的郎等和徒步的侍者

騎馬的武士不會單獨行動。平時會有童（被使喚的男童，或者打扮成童子的年齡差不多的卑賤侍者）和雜色等徒步的隨從牽馬跟隨，在戰場上則有騎馬的武裝郎等（在武士社會中，和主人沒有血緣關係的侍者，後世的史料裡寫作郎黨），以及被稱作乘替的、替主人看守備用馬的從者待命（第三章將會對此再次說明）。從隨從這一角度來說，郎等與童、雜色一樣，但童和雜色是身份低下的、徒步行走的隨從，也就是所謂的戰場上的勞動者而已。而郎等則被當作心腹，被允許騎馬作戰。

《將門記》記載，將門的叔父良兼與其敵對，他這樣勸說將門的下人丈部子春丸成為自己的內應：「如果你真的使用計謀幫我把將門殺了，我就讓你從沉重的裝卸作業中解放出來，一定扶持你成為騎馬的郎等。」田中本《義經記》中也記錄了秀衡對義經說的一段話：「這小子沒被允許騎馬，但他在關鍵時刻一定能派上用場，請你准許他騎馬吧！」於是義經就准許那名下人騎馬了（卷八）。這些都是將雜色和下人（しもべ）（shimobe）提拔為能騎馬的郎等的場面。正因為騎馬意味着破格獲得社會地位和名過其實的榮譽，所以能提高他們的忠心，激起他們戰鬥的慾望。從這點來說，這些被允許騎馬的郎等要麼是侍的身份，要麼位於侍和百姓、凡下之間的灰色區域。

另外，明治四年（一八七一）四月十七日，明治政府允許平民（明治二年設定的族籍之一，相當於江戶時代的農、工、商。參照第231頁）騎馬（《明治天皇紀》）。這是因為在前一年的十二月，京都府請願：平民原本是被禁止騎馬的，但是不僅居住在日本的外國商人能夠自由騎馬，而且最近各藩也出現了允許平民騎馬的地方，京都府也想允許管轄區域之內的平民騎馬，望批准。到近代為止，一般民眾都沒有被正式地賦予騎馬資格。

二　武士的誕生史

武士是何時誕生的？

把武士理解為藝人的這種新見解已經在學界得到承認。但關於武士是因何種契機、在何時、怎樣產生的這個問題，除了筆者之外沒有別的研究者提出新的看法。武士等於藝人這個學說並沒能影響到武士的產生論。就連繼承了武士即藝人學說的學者，也有很多籠統地認為武士是產生於地方農村的；還有學者強硬地主張，武士是在平安中期以國守為中心形成的國衙（衙指機關，也就是國司的機關）軍制的基礎上產生的。這種狀況直到今日也沒有太大改變，總體來說，地方起源說依舊維持着影響力。

其實，武士這個用語早就出現在奈良時代養老五年（七二一）元正天皇的詔書中，這本身並不是甚麼新的發現。然而，人們並沒有將這裡出現的武士理解為中世武士的先驅。這是因為大家受到先入為主的觀念的束縛，即把武士看作產生於平安中期的在地領主（在中世，支配在地方的農山漁村直接從事生產的人的領主層。參照第108頁之後的內容）武裝起來的產物。

成為問題關鍵的詔書裡寫道：「文人武士，國家所重。醫卜方術，古今斯崇。宜擢於百僚之內，優遊學業，堪為師範者，特加賞賜，勸勵後生。」「武藝」的四人和「明經（精通儒教的古典）」「明法（通曉法律）」「文章（學習中國的史學和文學，練習寫作）」「算術」「陰陽」「醫術」「解工（解釋工匠與土木的技術）」「和琴」「唱歌」等各種專家並列，獲得當時的賞賜（《續日本紀》同年正月二十七日條）。同樣的史實在寶龜二年（七七一）也發生過。「賜親王以下、五位以上絲」，接下來，「明經、文章、音博士（教授漢字讀法的人）、明法、算術、醫術、陰陽、天文、曆術（製作曆書的人）、貨殖（擅長經濟活動的人）、恪勤（勤奮工作的人）、工巧、武士，總五十五人，賜絲人十絇」（《續日本紀》同年十一月二十四日條）。

律令制下的官僚組織如下：多面手的上流文官貴族在頂點，其下是某個領域的專家組成的中下級貴族，更下一層是技術官人集團。這與日本現在的情況是一樣的：通過I類國家公務員錄用考試的職業官僚中，以「法律」職位為代表的多面手事務官在晉升中明顯比「理工」系技術官僚具有很大優勢。官人即公務員，是律令制機關中就任從初位到六位官職之人（也就是說還未達到貴族的級別）的總稱。上級武官（近衛府的將官等）基本是由上級文官貴族兼任的，也包含一部分作為武的專家升任到五位以上的武士。

對於律令國家的武士來說，「馬射之道，於武尤要」（《類聚國史》卷七三歲時天長元年三月二十六日條），「便習弓馬，尤善騎射」（《三代實錄》仁和三年八月七日條），和後世一樣，他們武藝的第一項就是騎射和馳射之術。更進一步說，正如中世武士的家系被稱作「武器之家」「武藝之家」一樣，我們可以知道，在古代也存在以武藝和兵事為家業的特定家族，並且他們得到了社會認同。

古代的武士之家

坂上田村麻呂是奈良末期到平安初期的有名武將，他作為征夷大將軍，有平定東北蝦夷之功。他的父親苅田麻呂憑藉惠美押勝之亂（七六四年）時的戰功，以及告發覬覦皇位的弓削道鏡的功績等，晉升為上流貴族（從三位），其「家世事弓馬，善馳射」（《續日本紀》延曆五年正月七日條）。田村麻呂也是「家世尚武，調鷹相馬，子孫傳業，相次不絕」（《日本後紀》弘仁二年五月二十三日條），據說田村麻呂弟弟的孫子（瀧守）為「坂氏之先祖，世傳將種，瀧守武略，不墜家風」（《三代實錄》元慶五年十一月九日條）。

除此之外，九世紀的紀田上「家業武藝」（《類聚國史》卷六六薨卒天長二年四月十三日條），大野真雄、真鷹「父子武家，而同此行跡」（《續日本後紀》承和十年二月三日條），小野春風「累代將家，驍勇超人」（《藤原保則傳》），等等。

後世形成的正式的「家」，特徵在於家族的持久性，在沒有合適的子嗣時，就算領取養子也要讓「家業」得到繼承。而上面提到的「家」雖然已經發生變化，但大體上還在氏的階段，沒到達正式的「家」的程度。氏是依靠擁有共同始祖（人或神）的信仰為媒介而結合的集團（中央豪族組織）；與此相對，「家」是以子承父業為原理組成的。

在日本古代的親族組織中，重視父系、母系雙方（bi-lateral）的家族形成了社會的基本單位，而統治階層以這種家族為基礎，又形成了以祖先為起點的父系一脈（lineal）的氏，其代表者（氏上）從旁系親屬之中（兄弟及其子孫）選出。因為後來的律令國家引進了嫡子制度，所以統治階層內部的基本原理變成了位階和財產由父親傳承給兒子，特別會優先傳給長子。這種比氏更小的「家」就在這樣的政治環境中被創造出來了。奈良時代以後，這種原理逐漸滲透社會，還經歷了一個漫長的過程。坂上氏等人所說的「子孫傳業，相次不絕」，正體現了這種狀況。

初期的武士

除了已經列舉的例子，在源平武士出場的十世紀以前，我們可以在各種文獻中零零散散地看到「武士」「武藝之士」這些詞。奈良時代的著名文人、官至右大臣的吉備真備的家訓書中有一節是：「武夫則貫習弓馬，文士則講義經書」（《私教類聚》）。「武夫」和「武士」

一樣在日語中讀作「モノノフ」(mononofu)，「貫習弓馬」便是「弓馬之士」。說起「弓馬之士」，有這樣一個例子。平安前期的文人貴族小野篁年輕時，身為著名文人岑守之子卻不認真求學，於是嵯峨天皇感歎道：「既為其人之子，何還為弓馬之士乎。」(《文德實錄》仁壽二年十二月二十二日條)《文德實錄》還記載，紀最弟乃「武藝之士，膂力過人，登高涉深，輕捷少偶」(《文德實錄》仁壽二年二月二十七日條)。

從這些用例可知，初期的「武士」一詞，首先是用作與文人和文士相對的概念。其次，它是對守衛皇居的衛府武官中特定人群的稱呼(關於武官，請參照第50頁之後的內容)。被稱作「傳將種」「世世代代的武將世家」「以武藝為業之家」等的人們，屬於活躍在九世紀的坂上、小野、紀氏等近衛府(守衛皇居，在儀式中攜帶儀式用的武器，維護會場莊嚴氛圍，在天皇行幸時負責供奉①和警衛的武官機構。長官是大將，次官是中將、少將)將官家系。筆者將其稱為武官系武士。

由此可以認為，武士不是在平安中期以後，而是在奈良時代，更慎重地說在平安前期就已經存在了。編纂於鎌倉初期的《二中歷》，是一本網羅了貴族必需知識並將其分類的書。其最終卷的「第十三」列舉了至十一世紀後半葉為止的三十二位著名「武者」的名字。

---

① 在行幸和祭祀等儀式上為神佛獻上供品的行為。

我們可以將「武者」理解為等同於武士的概念。其中，在源平武士出場之前的「武者」有坂上田村麻呂、文室綿麻呂、坂上苅田麻呂、藤原利仁，還有「中藤監貞兼」「六藤監」等六位不知道真實姓名的武者。

文室綿麻呂在弘仁二年（八一一）成為征夷將軍，是有平定東北蝦夷之功的武將。藤原利仁是九世紀後半期到十世紀前半期的人物。他在芥川龍之介的《芋粥》中出場，拐騙了一個想盡情喝芋粥的、住在京都的窮困的五位貴族到敦賀（這個故事的典故出自《今昔物語集》卷二十六第十七）。芥川聚焦的是利仁的豪宅及富豪舉動，但他實際上作為武人更為出名。他通常被冠以「將軍」之名，被稱作「利仁將軍」。這是因為在譜系圖、說話文學中，他是作為鎮守府將軍、征新羅將軍出現的。

由上可知，平安時代和鎌倉時代的人把田村麻呂和藤原利仁看作武士。他們並不認為古代和平安前期以前的武士和中世的武將之間有本質的區別。

單靠武裝不算武士

說到底，為甚麼會產生武士這種身份？我們從原理上來思考一下。

在近現代社會，解決紛爭和維持社會秩序所需要的實力行使（物理性的強制力，簡而言之就是暴力）通常是由國家獨佔的。所以，除了美國，其他國家只有軍人和警察等才被允許攜帶武器。平時主要由警察維持秩序，事態無法控制時，就會出動軍隊維持治安。然而在前近代社會，「自力救濟」（當自己或者自己所屬集團的權利受到侵害時，不通過法定的程序，而是通過實力去恢復和行使權利）是解決各種紛爭時最常用的手段，其極致就是使用武力，當對方也用武力對抗時就會演變成私戰。

正如近年的日本史學界明確揭示的那樣，單從平日嗜武、用武力解決紛爭這一點來看，從王朝貴族到居住在地方的普通百姓的大大小小事件中都有體現。筆者在第二章也會講到，大眾所熟悉的上繳武器、手無寸鐵的民眾形象是不符合史實的。所以，單單憑藉武裝的事實和高強的武藝，還不能說是武士的誕生，更不能說武士的身份得到了公認。

石井進在二十世紀五十年代末到廿一世紀初引領了中世史研究，在武士研究領域也是前輩之一。關於地方各國國內武士的組織過程和武士身份的認知方法，他提出了以下觀點：交替到國司的館出仕，從事宿直等勤務；在國守主辦的大規模狩獵活動中被動員；參加在各國的一宮（各國中有淵源的、深受人們信仰的神社，在該國位處第一）舉行的騎射比武等軍事性儀式，等等。

我不知道石井氏自身是否意識到，他的觀點暗示在合理的存在身份通過合理的方式被認知之前，他們還不是武士，只是武藝超群的人罷了。這提出了一個武士研究史上里程碑式的問題。讓筆者來說的話，武士論的核心在於，誰在何種情況下，以何種目的，被怎樣的人（家系）公然賦予攜帶武器和使用武力的權力，並得到社會承認。缺乏這種意識的武士論，就還不足以被稱為武士論。

抑制過度的自力救濟

日常性的反覆的自力救濟，若是過度了會怎樣？秩序大亂，產生社會危機，人們陷入不安。前近代的國家是脆弱的。特別在分權的中世，國家渺小，非常無力。在非常習慣了中央集權的現代人眼裡，中世看起來就像無政府狀態吧。這種情況下，地域或者某個限定的場所中的秩序是依靠該地域和該場所的各種私人（有勢力的人、頭面人物）或者集團的力量來維持的，並且處於不穩定且寬鬆的狀態。

但是，如果紛爭當事人的實力行使逐步升級到無法控制的地步，如果處理紛爭的私人或集團在維持秩序時偏袒某一方而有失公平，或者把紛爭看作自己謀利的機會，事件就會複雜化和長期化。這種情況下，國家儘管弱小但有必要不讓整個社會陷入危機，從普遍利益（公共性）的立場出發，將那些暴力和偏頗，以及對私利的追求控制在某種程度上。在階級社會，秩序的維持和社會的平穩有利於現行體制的延續和穩定，所以，這也是統治階層特殊的、對個別利益的追求。因此，武士大體上可以說是存在於體制內的。

秩序的混亂不一定是從社會內部產生的。與別國及外部勢力的摩擦和來自對方的威脅也是重要原因。在面對內外危機之時，就需要那些能用武力起到抑制和防衛作用的人。這正是武士被需要的理由。

換句話說，如果要讓帶有人身傷害的物理性的實力行使被認定為不得已之措施或值得讚賞的行為，就需要一種「大義名分」，即排除來自他者的威脅，有助於社會整體的穩定和秩序的維持。若非如此，那就只是犯罪和殺人行為。正因為武士被賦予了這樣的任務，他們的武裝才被承認，發動武力和傷害他人的行為才得到認可。

禁止自由兵仗

在律令社會裡，人們在都城及其周邊是絕對不能自由攜帶武器、胡作非為的。天平勝寶九年（七五七），孝謙天皇的敕詔裡寫道：「除武官以外，不得京裡持兵，前已禁斷，然猶不止，宜告所司（即彈正台，是糾正京內違法行為、整肅官人綱紀的部門）固加禁斷。」（《續日本紀》同年六月九日條）像這樣在公共場合被允許攜帶武器的，除了上層的文官貴族外，就只有武官了。

所謂武官，指的是在律令制下與五個衛府和諸國軍團相關的官人，也包括馬寮（負責訓練和飼養從朝廷和諸國牧場進貢的官馬的機關）和兵庫寮（管理收納兵器的倉庫的機關）等處攜帶武器的官人。軍團制原本是將百姓中被徵召的男子訓練為兵士的制度，到奈良末期，除邊境地區以外，其他地區的軍團制全被廢除了。衛府主要是負責宮城各門的守衛、天皇身邊的警衛和軍事性禮儀任務的軍事和警察官廳。五衛府從平安初期以來，被改編或重組成左右近衛府、左右兵衛府、左右衛門府這六個機構，被稱作六衛府。

近衛、兵衛、衛門各府分別負責天皇居住的內裡（御所、皇居、禁裡、禁中）內圍（內郭）、外圍（外牆）、大內裡〔設置了以內裡為中心，在其周圍處理政務和舉行儀式的八省院（朝堂院）和各個官廳的一角〕內部的警衛。在平安初期，出現了律令制裡沒有的檢非違使。檢非違使廳原本是衛門府官人兼任的助勤機構，後來吸收了京職（負責京城行政事務的官廳）、彈正台、衛府、刑部省（負責裁判和行刑的官廳）等的功能而擴大，還承擔了平安京的治安維持和公共衛生維護等民政功能。

無論古今，首都都是統合全國的人與物的要地。為了實現這個功能，平安京遍佈政治、經濟、宗教、教育等各種機關，以及直接或者間接運營這些機關的人，還有支撐這些活動的各種設施。各類機關和設施能多大程度地安定、有效地發揮這些功能，直接關係到王權的興衰。

但實際上，在平安京，由於強盜和縱火，治安愈加惡化；再加上官廳和權勢貴族家族各行其是，他們之間存在政治上、感情上的對立，受此影響，各方雇用的人和家臣之間也有很多對立和爭鬥，不斷報復彼此。王權和國家為了發揮自己的機能，就必須盡力抑制這些現象，確保首都地區的和平。

禁止武官之外的人攜帶武器，叫作禁止自由兵仗。實際上，因為使用武器的自力救濟的現象橫行，就算恭維地說，也很難說這個禁令發揮了實際效果。但是，這個禁令本身一直持續到後世。平安中期以後，朝廷不時發佈的成文法都反覆禁止非武官者在京中攜帶武器，特別是弓箭這種比刀劍攻擊力還大的、當時的主流兵器。下一節將會講到源平武士，他們在十世紀後半期出場，是當時的一種例外，屬於武官之外的武。但禁止自由兵仗這種場面話一直留存下來。他們為了不觸犯這個規定，可能會選擇擔任衛府的尉（三等官），而由此升任非武官的職位時，則需要單獨的許可。

舉一個單獨許可的例子。在經常舉行的集中搜索、逮捕京城盜賊的活動「大索」中，除了衛府的官人，源平武士也會參加。這事實上是白天進行的大規模的儀式，參加的源平武士奉命攜帶弓箭，從馬寮分得馬匹。雖說是儀式，但並非只有形式而沒有實效性。宮中盜賊猖狂，京中多發縱火和強盜事件。在政治、社會的威信和秩序如此顯著受損之時，比起老老實實地、努力一個一個地逮捕犯人，倒不如用看得見的、引人注目的集中逮捕的演出形式，展現當權者對防治盜竊的決心。這對安定人心有着更大的效果。源平武士參加這種大型野外劇的最大意義在於，向大眾宣佈源平武士才是負責維持治安之人，讓人們記住他們是強壯勇敢之士的精銳和代表。

武士身份和王權

因為武士以維持國家和社會的秩序為目的，認定他們的身份以及發動武力的正當性的人，當然也是負責社會全體的安定和安全的人和機關。在前近代，這個特別的人就是從理念上代表國家和社會的王（天皇）。

石井進認為，在地方的國衙，將擅長武藝的人認定為武士的是身為一國之長的守。他之所以能夠行使這個權力，是因為他是天皇在地方的正統代理人，也承擔着維持自己轄區內治安的任務。如果說是王權讓武士得以成為武士，那麼這個邏輯可以歸結為，武士並非誕生於地方農村，而是首先誕生於王權的周圍以及朝廷之膝下，即都城。地方國衙對武士的認定只是其延伸，是其地方版。因為中央和地方是上下級的關係，都城的武士在身份和威信上都壓過地方的武士，他們的武藝流派、武裝樣式及體系作為權威影響到了地方，大體上被地方全盤授受。

東北和九州的威脅

被看作代表社會全體普遍利益（公共性）的王權（天皇為其化身），首先將守護自己和維持都城治安的任務交給包括武士在內的衞府武官等。雖然說王權的穩定與都城的和平必須推廣至整個日本，但對於列島社會的安全和穩定來說，釐清國家領土之外延，即和外部勢力相接的地點尤為重要。延喜四年（九一四），正如學者三善清行所述：「臣伏見，陸奧、出羽兩國，動有蝦夷之亂；大宰管內九國，常有新羅之警」（《意見十二箇條》），奧羽地區和大宰府、壹岐、對馬地區出現了現實中的或者假想的危險和壓力。為此，武士主要被部署在都城，以及奧羽、大宰府等國家的邊緣地區，必要時被派遣到國內各領國。

奈良時代的寶龜五年（七七四），朝廷開始在東北地區討伐蝦夷，戰爭一直持續到弘仁二年（八一一），近年來被稱作「東北三十八年戰爭」。這場戰爭被劃分為四個時期，在第三個時期的延曆二十年（八〇一），坂上田村麻呂作為征夷大將軍出征，討伐夷賊（蝦夷）。延曆二十四年（八〇五），征夷雖然中止，但在第四個時期的弘仁二年，文室綿麻呂征伐幣伊村（現岩手縣東部的廣大地區），還設置了和賀、稗貫、斯（志）波這「斯波三郡」（現岩手縣西南部，參照第79頁圖二—一）。

至此，有組織的蝦夷討伐戰爭結束，朝廷開始努力推行新的蝦夷政策。律令國家將軍隊從北方的「斯波三郡」撤走，集中部署在鎮守府的膽澤城（現岩手縣奥州市，延曆二十一年從多賀城（現宮城縣多賀城市）遷至此）。鎮守府是為了壓制蝦夷而設置的機構，其長官剛開始是鎮守將軍，後來變成了鎮守府將軍。隨着機構的改編和整備，鎮守府轉換成支配陸奥國北半部分的行政機關（南半部分由國府多賀城支配）。陸奥的北半部分是指「斯波三郡」加上岩（磐）井、江刺、膽澤這「膽澤三郡」（斯波三郡的南方地區），共六個郡。鎮守府任用蝦夷系豪族，利用他們對當地的影響力。後來被稱作奥六郡（上述律令六郡加上北邊的岩手郡，除去南邊的岩井郡）的行政區域就這樣誕生了。

被任命為鎮守府將軍的意義

但是，就算陸奥實施了新的體制，東北三十八年戰爭留下的後遺症，讓這裡仍然處於危機一觸即發的狀態。特別是從承和三年（八三六）到齊衡二年（八五五），陸奥的腹地幾乎每年都發生俘虜（在朝廷支配下被同化的、和普通農民一起生活的蝦夷人。同化程度低的被稱作夷俘以作區別）的武裝暴動和移民系居民的逃亡，常常不得不動員援兵來鎮壓。近衛府的上級官人中還有像坂上田村麻呂和文室綿麻呂這樣熟知兵法，並有着在東北地區和蝦夷人直接交戰的經歷，後來升任至近衛大將（長官）的人。他們的子孫中也有不少是武官系武士，升任至近衛少將（次官），並擔任過陸奧國司或按察使（在奈良時代，兼任特定某領國的國司，監察鄰近各國的行政；後來只有陸奧和出羽實際上保留了這個職位）或鎮守府將軍，鎮壓蝦夷。真奇怪，對於武官系武士來說，被任命為鎮守府將軍甚至意味着對他們武士身份的認可。

另一方面，在西邊，八世紀之後，新羅常常發生貴族和農民叛亂，受其影響，日本的一岐、對馬和北九州都連續遭到新羅入侵。九世紀，在討伐並平定東國的夷虜（俘虜）叛亂，以及鎮壓出羽的夷俘叛亂時大展身手的武官被派往對馬和博多。曾在東國取得戰功的文室善友成為對馬守，寬平六年（八九四），面對新羅的「大小船百艘，乘人二千五百人」的船隊，「立盾，令調弩（帶有扳機的機械構造的弓）」，吸引敵人靠近，然後用弓箭作戰，獲得大勝（《扶桑略記》同年九月五日條）。

三　武士的譜系與其延伸

武士史的各個階段

我們整理一下到目前的敘述，大致將截至中世前期的武士史劃分為如下三個時期：

第一期，從平安前期到十一世紀後半葉；

第二期，從白河上皇開始院政到爆發治承、壽永（源平）內亂；

第三期，鎌倉幕府成立以後。

第一期和第二期的武士在守護王（天皇）的安全和首都（都城）的和平這點上基本是相通的。兩者的不同在於，從數量和社會勢力來看，第一期武官系武士的存在是有限的，而在第二期，因得到王權扶持而壯大的中央權勢武士，將出現在地方社會的武士和擅長武藝的人組織起來成為自己的隨從。第三期武士在勢力上超越了第二期，基本由在地領主層構成。儘管武士的首長是王權的守護者這點在表面上被繼承了，但比起以前，他們相對於王權擁有很大程度的獨立自主權，也給王權帶來了威脅。對此，王權嘗試將武家的首長收攏到自己一方。

對於第一期，還可以以十世紀七十年代末為分界，將其分為前後兩個階段。在第一階段，一部分武官和瀧口（參考終章）被稱作武士。前者是出身於紀、小野、坂上、文室等特定氏族的人。

七世紀後半葉開始的律令體制也被評價為「軍國體制」（早川莊八）。從天智天皇二年（六六三）日本在朝鮮白村江戰敗到延曆十一年（七九二）之間，為防備唐或新羅的侵略，或者為出兵朝鮮擴充軍備，日本建立軍團制，這是一種動員全國兵力的體制。但是，進入九世紀之後，東亞的國際緊張局勢已經過去，國內征討蝦夷的戰爭也告一段落，宮廷開始謳歌和平的到來。於是，「軍國體制」瓦解消失，對武力的需求大幅度減少。唐風文化一下子流入，漢詩文受到重視，尊重文官的思想盛行。如此一來，武官系武士逐漸失去了立身之處，直至十世紀中葉，其中很多人都轉型為文人。

小野氏中誕生了奠定和式書法基礎的小野道風，紀氏中誕生了奉敕編纂《古今和歌集》的紀貫之和紀友則。坂上氏則有田村麻呂的第四代孫坂上是則，他以《百人一首》裡的「疑是凌晨月，冷冷放寒光。寂寂吉野里，一片白雪涼」①這首和歌而聞名，轉型成文士之「家」。十一世紀中葉，坂上定成成了明法博士，他的兒子做了中原家的養子，坂上流的中

①《日本古詩一百首》，尾崎暢殃、大坂泰選編，檀可譯，外國文學出版社，一九八五，第50頁。

原一系出現了一批又一批著名的法律學者，成了「博士之家」。

作為賜姓皇族的源平

第一期的第二階段（攝關期），是賜姓皇族（源、平）中的武士家系以及其他若干家系（秀鄉流藤原氏、大藏氏等）取代武官系武士的時期。所謂賜姓皇族，是指在桓武天皇統治時期的八世紀末，皇親劇增，供養皇族的開支讓國家財政壓力大增，所以天皇賜予皇子、皇女（一世皇親）氏名和姓（表示氏族的地位和政治序列的稱呼，基本上是朝臣），將其降為臣籍（皇族原本沒有氏名和姓）。此後，給皇族賜姓的現象就非常頻繁了。這時，被下賜的氏名是平和源等。源氏始於嵯峨天皇將其皇子降為臣籍，之後很多天皇的皇子、皇女乃至皇孫也被下賜此姓。嵯峨、清和、宇多、村上這幾位天皇一脈的源氏非常著名，他們很多是宮廷貴族，其中一部分成為武士。

清和天皇的皇子貞純親王之子經基被賜予源姓，這一脈被稱為清和源氏，他們在平定天慶之亂（將門、春友之亂）時發揮了一定的作用。自承平五年（九三五）以來，平將門在關東不停地和同族私鬥，事態越發嚴重；天慶二年（九三九），將門突然襲擊常陸國的國衙。後來，他接連將坂東各國置於自己的支配之下，還公然和朝廷對抗，但在第二年，被藤原秀鄉擊敗身亡。另外，伊予掾（掾是國司的三等官）藤原純友受命討伐瀨戶內海的海賊。然而，天慶二年，純友親自率領海賊反抗朝廷，於天慶四年戰敗身亡。這是同時發生的、不相關的反叛事件。

前面提到的經基的子孫，作為武者發展壯大起來。經基的兒子滿仲以攝津國多田（現兵庫縣川西市）為根據地。其長子賴光和有權有勢的藤原道長關係緊密，鞏固了自己在中央的地位，繼承了多田的家業成為攝津源氏之祖。經基次子賴親三度擔任大和守，在與興福寺對立的同時，還在該國培植勢力，成為大和源氏之祖。經基第三子賴信擔任河內守之後，以該國石川郡（現大阪府羽曳野市、富田林市等地）為中心鞏固地盤，成為河內源氏之祖。賴信一系的勢力發展得最好，出了賴義及其子義家、義光兄弟。義家之孫（一說曾孫）是義朝，義朝有賴朝等兒子，其弟為義賢，而義賢之後有木曾義仲。新田和足利兩氏是義家之子義國的血脈。義光一系則出了常陸的佐竹氏、甲斐的武田氏以及信濃的平賀氏（圖一—二）。

而平姓則始於桓武天皇的皇子葛原親王的皇子和皇女被賜姓。葛原親王一脈大致可以分為高棟王流和以其弟高見王之子高望為祖的兩大支流。高棟流繼續作為宮廷貴族延續下去；而高望流起於寬平元年（八八九）高望王獲賜平姓，被任命為上總介（上總是以親王為國守的令制國，所以介是實質上的國守）。高望的子孫們在下總、常陸、武藏等關東各地尋找根據地，而坂東平氏的各個支流就是從他們的子孫中誕生的。在平清盛和源賴朝的時代

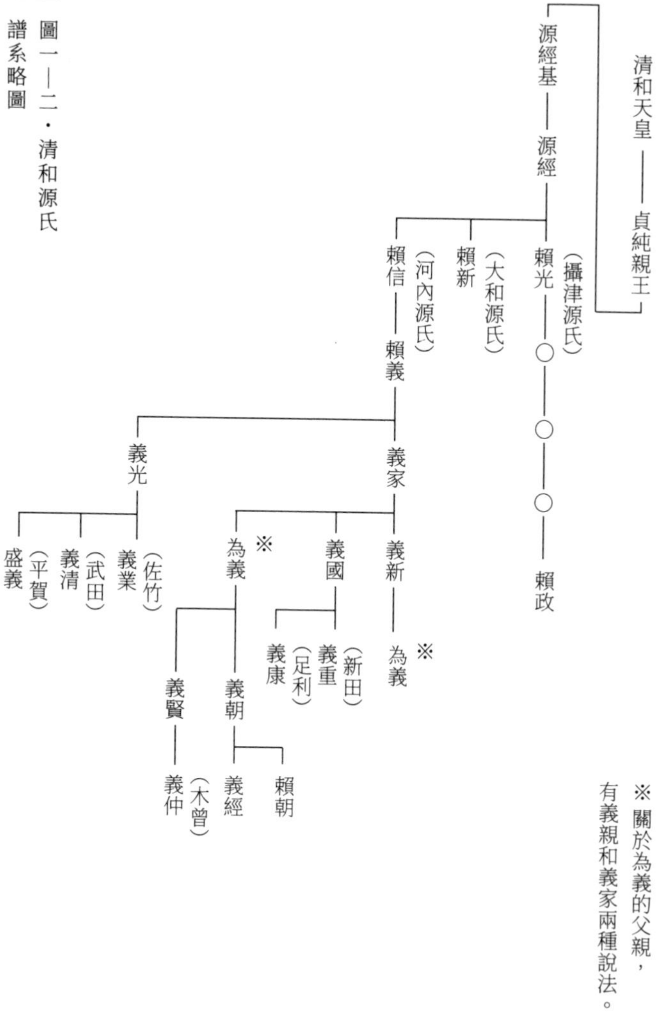

圖一—二・清和源氏譜系略圖

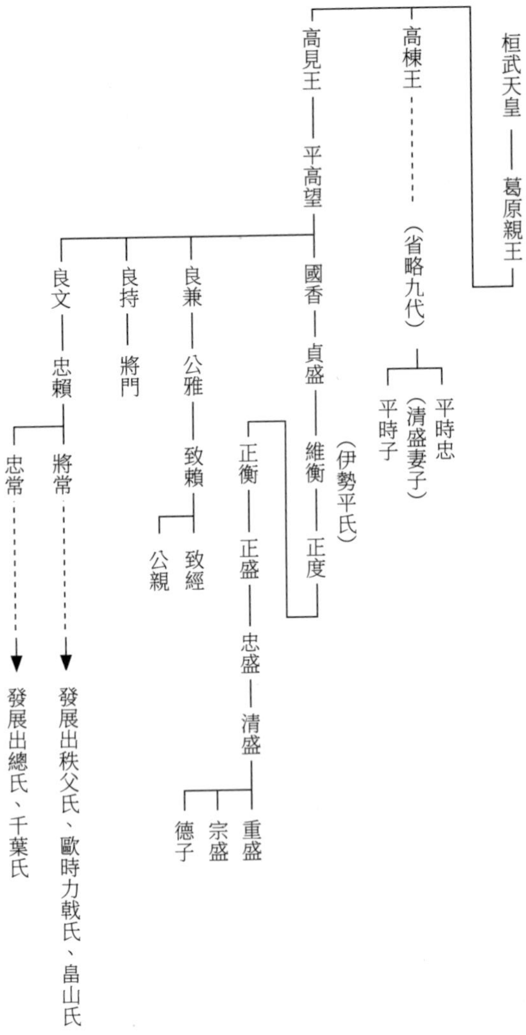

圖一—三・桓武平氏譜系略圖

作為御家人聲名遠揚的千葉、上總、畠山、三浦、大庭、梶原等家族就是其後代。高望的孫子是將門，將門的表兄弟是貞盛（圖一—三）。貞盛到中央出仕，被任命為左馬允（馬寮的三等官），但因其父被將門殺死，貞盛便前往常陸，在鎮壓叛亂中立了功。叛亂之後，其子維衡等人向伊勢方面發展。這一支流中後來出了清盛。

秀鄉流藤原氏等

秀鄉流藤原氏之祖藤原秀鄉被任命為下野掾、下野押領使（率兵鎮壓國內暴徒的臨時官）。他和貞盛聯手，一下子就打敗了將門，是平定將門之亂的最大功臣。秀鄉的兒子千晴憑藉父親的功勞進入中央，但因安和之變（九六九年）而被檢舉、入獄，被流放到了隱岐。其弟千常代替哥哥繼承了秀鄉流藤原氏的宗主權，其子孫也以根據地下野的經濟實力為背景出仕中央。下野小山氏就是出自這一脈。

秀鄉五世孫公修、公清兄弟成了左衛門尉之後，其子孫多被任命為左衛門尉，所以便將左衛門尉藤原簡稱為佐藤，並以之為姓。公修的子孫跟隨奧州藤原氏移居陸奧國伊達郡信夫莊（現福島市）。後來在屋島合戰中作為源義經的替身戰死的郎等佐藤繼信便出於此流。公清的子孫中，以紀伊國為根據地的佐藤氏出了歌人西行。

大藏氏原先似乎是文士官人，但春實作為藤原純友追討使的主典（四等官），轉戰於瀨戶內海，在博多津打敗純友的軍隊。他是在鎮壓純友之亂中最為大顯身手的人物。之後，春實一脈成了大宰府當地的官員，九州豪族中的原田、秋月等家族自稱是他的子孫。

軍事貴族

源平二氏和秀鄉流藤原氏因鎮壓叛亂有功，經基成了從五位下，貞盛成了從五位上，秀鄉成了從四位下的貴族。他們的子孫後來基本都在五位這一位階（有少數四位的例子），所以研究者們將他們稱作軍事貴族，以此強調他們也是貴族的一員，意欲打破將武士和貴族看作對立面的常識。源平軍事貴族被形容為「精通武藝之輩」，在禁止自由兵仗暫時中斷的十一世紀初以後，他們開始大搖大擺地闊步前行。

他們的常規做法是，首先擔任兵衛府、衛門府的三等官（尉），兼任檢非違使，後來就當受領（國守的別稱）。從這種經由武官的路徑可知，他們有志繼承近衛府的官人、武官系武士的武藝傳統。重視弓箭是衛府的傳統，流鏑馬等在馬場上的馬上射箭技能也產生於貴族社會。可以推測，源平軍事貴族使用的弓箭、盔甲、大刀等武器和武具都是基於和蝦夷戰鬥的經驗而在都城製造的，近衛府的武官和武官系武士都參與了對其的改良。

誕生於貴族社會的武具

現存的平安末期、鎌倉前期的盔甲遺物樣式都是一樣的，幾乎沒有區別。筆者主張武士是誕生在都城的。對此，有批判的意見說，只傾向於都城的理解是不符合事實的，應該理解為武士產生於平安京和地方的相互交流中。筆者也考慮到了蝦夷戰爭（陸奧）的影響，但是，其他地區的影響力如果真如其所說那麼大的話，盔甲遺物中應該包含一些獨特的、表現出各個地方的特色和個性的部分。

憑遺物判斷，較為妥當的看法是，盔甲是作為王朝貴族文化的一部分來製作的。盔甲是正規的甲冑，從近衛府四等官以上的人所穿的騎兵兩當式掛甲大幅改良而成（圖一—四圖一—五）。

美化裝飾盔甲外觀的威毛（將用盔甲主要材料牛皮製成的小板（札）橫向串起來，再將其上下部分連接起來的柔軟皮革或繩子一類）的色彩和圖案反映了貴族社會男女的裝束的顏色，以及褂在重疊穿着時的配色之奇妙。從畫在弦走（為防止弓箭的弦勾到盔甲正面的札，將胸部和腹部用染色皮革包起來的東西）上的圖案可以看出有職圖案①的影響（圖一—

① 平安時代以後，公家的服裝、日用品和車輦等物品上描繪的傳統花紋。

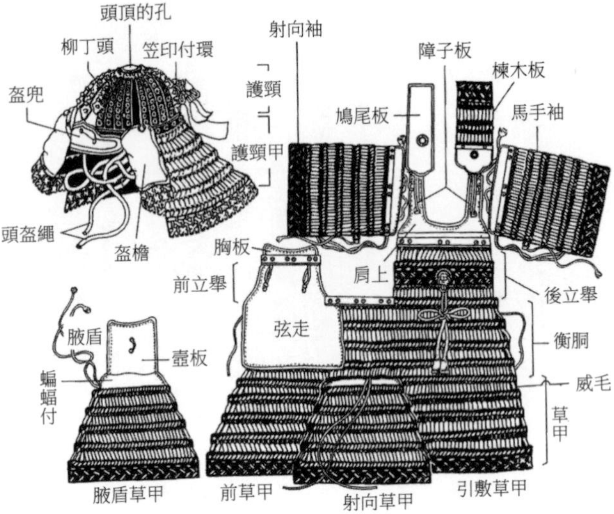

圖一—四・盔甲的各部分名稱（轉載自鈴木敬三編集解說《古典參考資料圖集》，國學院高等學校，1988）

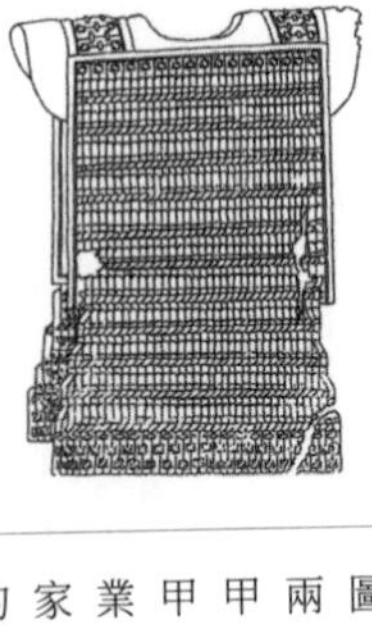

圖一—五・兩當式掛甲（製造盔甲的手工業者春田家所流傳的圖）

圖一—六・畫在盔甲弦走的繪韋上的有職圖案（櫸紋加鳥巢紋的例子）

六）。除此之外，貼在叫金具回的鐵板表面的繪韋（染上圖案的韋）的邊緣是用叫作小緣的緣韋接縫起來的。這種接縫的特殊技法叫作伏組，從所用的絲綢捻線的顏色組合可以看出其反映了王朝貴族服飾的色彩感覺。有一些遺物的鐵板表面包着銀銅板和特殊的合金薄板，表面打磨光滑，如鏡子一般。

從這些點來看，不得不說盔甲匯集了平安時代的工藝美術之精華。京都及其周邊的手工專業集團所製造的盔甲，在設計和裝飾上就不用說了，同時也具有極高的實用性，這只能是技術尤為先進的地區才能製造出來的。下面這則史料雖然是鎌倉後期的，但也可以佐證上述觀點。有人寫信給六波羅探題金澤貞顯，說京都的札很好，所以應當從京都定製盔甲。貞顯稱讚這人的判斷明智，認為不管怎樣應當先開始製造札，「正如之前所說，札應該做得又薄又輕。就算花費數月，也應該做成最高級的。」（《金澤文庫古文書》一——三四六號）。

武士的武器和武具之所以是貴族社會的產物，不單單是因為武士誕生於天皇身邊和貴族社會，還因為武士是天皇和朝廷權力的「代表性具現」。「代表性具現」（尤根・哈貝瑪斯）是非常難懂、饒舌的說法，歸根到底就是通過現存的事物讓肉眼看不見的東西能被公開看見，讓它出現在眼前。

換言之，大規模的犯罪和謀反就不用說了，當糾紛當事者的實力行使（自力救濟）逐步升級到無法控制的局面，社會整體陷入危機之時，天皇和朝廷就必須在普遍利益（公共性）的名義下，對其進行抑制和壓制。那時，武士身着精美的大盔甲，騎着以貴族風格裝飾的馬，帶着衞府的長刀，提着誕生於貴族社會的伏竹弓（在木弓的外面貼上竹片的複合弓）——他們一出現，人們無法直接看到的朝廷意志就會以具體的形式展現在那裡。從武士的角度來說，連他們隨意的判斷和行為都是朝廷意志的展現，很有分量。

另外，日本武士為何如此執着於對抑制私戰貌似是無用之物的騎射和盔甲呢？這是因為在每個方面都有壓倒性影響力的中國，五世紀以後，為了對抗擅長騎射的狩獵、遊牧民族，名將們都熟練地掌握了弓箭之術。他們在西邊或者北邊的戰爭中，身着相當於日本的兩當式掛甲原型的騎兵襠甲，在步兵弩的保護之下展開騎射之戰。在日本也一樣，正如「弓馬戰鬥，夷獠之生習，平民之十，不能敵其一」（《續日本後紀》承和四年二月八日條）所述，盔甲是為了和擅長騎射的蝦夷人交鋒的必要武裝，而騎射是必須熟練掌握的戰技。

平氏在關東「定居」

上述展開得有些多了，我們把時間調回天慶之亂發生時的半個世紀以前。如前所述，九世紀末以後，桓武平氏高望流將根據地定在了東國。這是為甚麼呢？

其實，在九世紀後半葉到九世紀末，東國頻頻發生反國衙鬥爭，主要是一些叫作「群黨

（盜）」的集團欠交租稅，抵抗國司。作為鎮壓一方的國衙的軍事機構陷入癱瘓狀態。貞觀三年（八六一），武藏國「以兇猾成黨，群盜滿山」，故「每郡置檢非違使一人」（《三代實錄》同年十一月十六日條）。貞觀九年，天皇下令在上總國也設置檢非違使，看來那裡的情況也和武藏國一樣吧。

構成群黨的要素之一是被律令國家強制遷移到東國居住的俘虜（蝦夷）。上總國在貞觀十二年和元慶七年（八八三）接連發生了俘虜的叛亂。統治階層是這樣描述前者的：「彼國夷俘等，猶挾野心，未染花風，或行火燒民室，或持兵掠人財物。」可以想像俘虜們為了保護自己的生活習慣，不喪失自立之驕傲而果敢蜂起的樣子，但國家一方認為「凡群盜之徒，自此而起」（《三代實錄》同年十二月二日條）。

在這樣的情況下，「群黨＝俘虜＝蝦夷」的等式就很容易成立了。負責壓制蝦夷的是鎮守府將軍。甚至這個將軍有可能是為了鎮壓東國的群黨才被起用的。本來東國諸國對於律令國家來說就是給陸奧鎮守府提供人力和物資的戰略性基地兵站。沒有東國的平穩就沒有東北的安定。

將門的父親良持（良將）擔任過鎮守府將軍，實際上也有到陸奧赴任的跡象。在譜系上他的兄弟國香等人也有鎮守府將軍的頭銜。由此可以假設，高望流平氏因為高望是上總介而被提拔，前去鎮壓起義的群黨，結果就在上總、下總、常陸等地構建起自己的活動根據地。當時，國司在任期到期之後就留在其駐在國，其背景也包含了上述情況吧。

天慶之亂後不久，秀鄉和貞盛都曾出任鎮守府將軍，十世紀七十年代之後，鎮守府將軍由貞盛流平氏和秀鄉流藤原氏來擔任也變成常態。蝦夷既是武士的敵人，也成了促進武士成長和發展的墊腳石。

武官系武士算不算武士？

武官系武士和軍事貴族的不同之處在於，正如「將種」「武家」「世世代代之將家」等稱呼所示，前者在從氏到「家」的過渡期間一直持續負責軍事部門，但在「兵之家」正式形成之前轉型成為文士之「家」。與此相對，後者連續性地發展成中世的武士之「家」。前者的家族（氏族）還不算中世的「家」，前者的家系在中途轉型了。但憑這些史實就不承認之前的武士是武士的意見，筆者是不能接受的。

為何不能接受？這些意見很多都將天慶之亂的勝利者在政界出場的時刻，即十世紀七十年代以後，看作武士的誕生；而中世的「家」的成立還要從那往後推一百年，即十一世紀末的院政期。這種對「家」形成的過渡期的看法跟筆者的觀點大同小異。

在漫長的歷史中，傳承藝能的家系中斷，或被其他「家」取代的例子並不罕見。武家也是，鎌倉的源氏將軍直系傳了三代就斷絕。開創室町幕府的足利氏，到了戰國時期，將軍的本家和管領家斯波氏一族衰亡，分家中今川、吉良兩家也衰落了，在江戶時代成了幕府的高家，掌管禮儀和典禮。吉良氏這一「家」在赤穗事件中，因義央（上野介）被殺而斷絕。

驅逐了足利將軍的織田信長與其嫡子信忠在本能寺之變中被殺，信忠之子也在關原之戰中因跟隨石田一方而斷絕。次子信雄和信長的弟弟長益（有樂齋）雖然各自成了小大名，但並沒有得勢。至於長益，東京的有樂町便是因他而得名，他作為千利休茶道分支的知名度更高。豐臣氏也是兩代而亡。另一方面，豐臣和德川時代的大名中有很多是在戰國的戰亂中發跡的，原本根本無人知曉。

資本主義也是一樣，在繁榮期登場的資本家的子孫並不是一直延續到今日的。企業也一樣，經過不斷的創業和倒閉，其形態和內容都在變化，誕生了持股公司（holding company，其典型例子就是戰前的財閥本社）、集團企業、跨國企業等，直至今日。所以，問題並不在於每個家系能否持續，而在於是否有客觀條件，能夠讓武士在核心人物不斷更替的情況下，從「氏」轉變為「家」，並且擴大自身的作用，作為一個整體實現再生產。首先說明這一點，再討論武士的形成會更好。

四 武力的暴走

武士的黑社會性質

前面已經論述了國家層面所期待的武士的作用。他們在保護自己的權利（包括名譽和自尊心）這點上是自力救濟的主體。既然武藝是伴隨着殺生和傷害的、罪孽深重的危險藝能，那麼武藝專業者的實力行使就會比其他人的實力行使更加慘烈和危險。

平高望的五世孫致經被稱作「大箭的左衞門尉」，是非常優秀的武士。治安元年（一〇二一），他和弟弟公親在前一年殺害一個叫安行（姓不詳）的東（春）宮坊（侍奉皇太子，負責其內政的機關）下級官員的罪行被發現了。致經因為某個事件對東宮坊的人懷恨在心。為了逮捕這兩個逃亡的人，檢非違使前往他們的根據地北伊勢和尾張，搜索一番後，逮捕了兩人的一個家臣，他疑似直接下手殺人。經過審問，這個人坦白的事情令人無比驚訝。他不僅殺害了安行，以前還奉公親之命，殺了一個叫瀧口信濃介的人，甚至奉致經之命潛伏了三天三夜，伺機殺害東宮坊的次官藤原惟憲，後者身份高貴，是藤原道長的親信（《左經記》同年六月三日條）。我們甚至可以認為致經等人養着一些職業殺手。

長和六年（一〇一七）三月，清少納言的兄弟清原致信在白天被「乘馬之兵七八騎、步者十餘人」的部隊襲擊，死於京都的居所。檢非違使經過盤問，得知指揮襲擊的人是大和源氏源賴親的手下秦氏元，他奉主之命殺人。關於此事，道長在日記裡記錄了世人的評論：「這賴親殺人手法高超，多有耳聞。」（《御堂關白記》同年同月十、十二、十五日條）被殺害的致信一方過去也曾殺害賴親的手下當麻為賴（以下參照圖一—七）。

這僅僅舉了兩個例子，毫無疑問，當時他們是殺人和暗殺的慣犯。他們與其手下常常惹起大規模的打鬥和殺傷事件，因此，無論京中還是地方，社會的治安都極度惡化。著名的奈良、平安時代史研究者土田直鎮將這稱作「武士的黑社會性質」。

文官貴族的武藝

在文官貴族的家系中以武藝為榮的人也不稀奇。比如，清原致信的主人、十一世紀初多情的戀愛歌人和泉式部的丈夫藤原保昌被評價為「並非出身於兵之家，（中略）卻絲毫不輸他們，膽大機敏，身手敏捷，判斷力出色」（《今昔物語集》卷二十五第七）。他的弟弟保輔在《尊卑分脈》（十四世紀完成編纂，是各類譜系中最值得信賴的）中被記為「強盜張本，本朝第一武略，蒙追討宣旨事十五度，後禁獄自害」。他們的姐妹和軍事貴族源滿仲結婚，

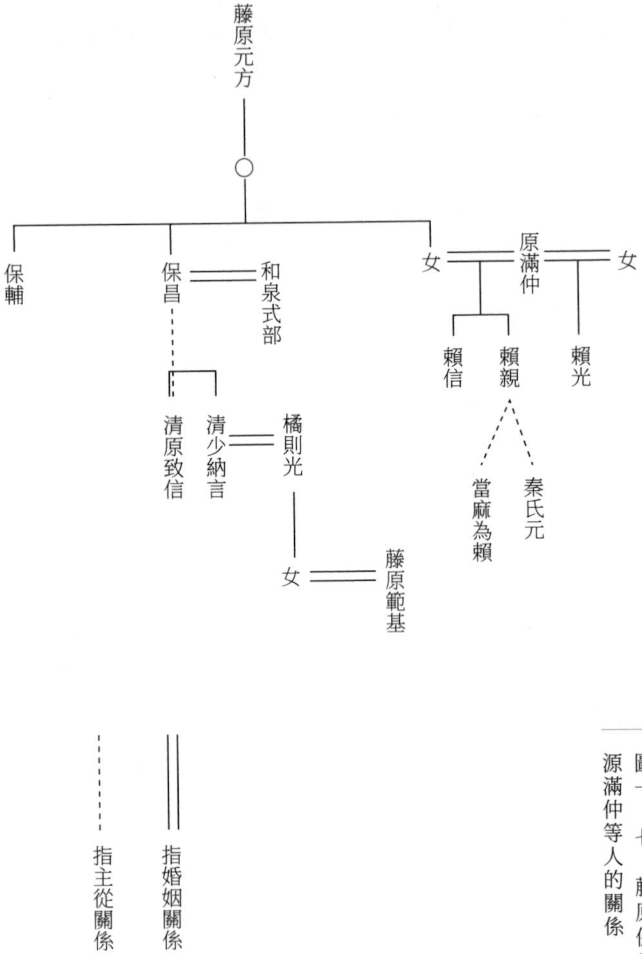

圖一—七・藤原保昌等人與源滿仲等人的關係

生了賴親與賴信。

《今昔物語集》提到的「並非出身於兵之家」，但被稱頌勇敢且武藝高強的還有醍醐源氏的源章家（卷二十九第二十七）、光孝源氏的源公忠（卷二十七第十）、小野武古（卷十六第二十）、橘則光（卷二十三第十五）等人。保昌、章家、公忠和則光最後還晉升到了四位。橘則光和清少納言做了十年以上的夫妻。保昌的祖父元方和則光的祖父好古分別晉升到了大納言，後者被稱讚為「名臣」（《二中歷》第十三）和「才幹名譽」（《官職秘抄》下）。小野武古的父親好古，在鎮壓藤原純友的叛亂中起了很大作用，成為參議從三位的公卿。他們每一位都是身份高貴的貴族。

但是，當「兵之家」的「繼承家業之兵」登場後，其他人的武勇有時候就會被指責為反社會的行為。藤原保昌後嗣不繁，所以有傳聞說「因為他並不是兵之家」，不是真正的武士但言行舉止跟武士一樣。萬壽五年（一〇二八），左衞門尉藤原範基殺了自己的隨從。右大臣藤原實資譴責道：「範基好武藝，萬人所不許，內外共非武者種胤」，說其內（父系）和外（母系）都不是出身於武者之家（《小右記》同年七月二十四日條），正說明了這種社會規範的形成。順帶說一下，範基的妻子是橘則光的女兒。保昌和則光雖然不是兵，卻極具兵之特性，和軍事貴族只有一線之差。說起來，清少納言與和泉式部都感慨過身邊都是些危險的男人。

《徒然草》的作者吉田兼好說武是「遠離人倫，和禽獸相似的行為」，並斷言「一旦嗜好，毫無益處」，這是很久以後的事情了。兼好生活在鎌倉末期的貴族社會，比起平安中期，當時的狀況是「總體來說，很多公卿和殿上人，以及身份更高貴的人都好武」。兼好對此是反對的，很坦率地記下了對「不屬武者之家的」武的厭惡（《徒然草》八十段）。

平安時代以來，人們暫且追求一身之安穩，並沒有追求武勇。至少人們認可的武勇是為了實現和保障安穩的，他們厭惡刻意為之的武勇和武勇的獨斷專行。

第二章

中世的武士和近世的武士

一　平安末期的內亂與幕府

前九年、後三年合戰

武士歷史的第二期是從十一世紀末開始的。早些時候，清和源氏中最活躍的河內源氏發起了「前九年」、「後三年合戰」。「前九年合戰」是陸奧守兼鎮守府將軍源賴義作為鎮守府的在廳官人（一般指在國司的廳，在此指在鎮守府工作、處理行政事務的官員，一般由當地豪族擔當）之首，討伐掌管奧六郡（參照第55頁）的安倍賴時與其子貞任、宗任等人的戰爭。此戰從永承六年（一〇五一）開始，斷斷續續地持續了十二年，直到康平五年（一〇六二）。賴義和義家父子一直陷於苦戰，得到出羽國的山北三郡（山本、平鹿、雄勝三郡，中心是在現秋田縣的橫手盆地）的豪族清原武則的助戰之後，戰局終於好轉。賴義攻克了小松柵（大概在現岩手縣一關市附近）等安倍氏的據點，最終在廚川柵（現岩手縣盛岡市）將貞任等人打敗。

「後三年合戰」從永保三年（一〇八三）持續到寬治元年（一〇八七）。清原氏在「前九年合戰」之後，吞併了安倍氏控制的奧六郡，成為奧羽最大的勢力。而陸奧守源義家強行介

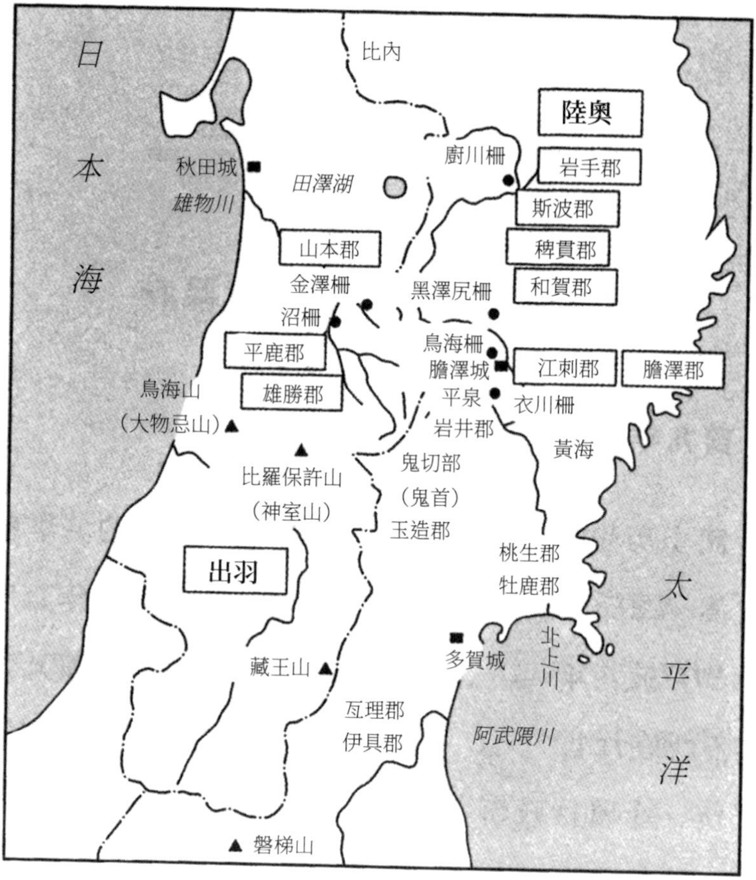

圖二－一．「前九年」、「後三年合戰」關係圖。方框內的陸奧、出羽部分即奧六郡、山北三郡。

入清原氏的內訌，將其發展成義家、清衡聯手對付家衡（清衡同母異父的弟弟）的戰爭。因為遇到大雪，士兵們也忍受着飢餓，戰鬥極其艱難。但義家等人最終還是攻下了金澤柵（現秋田縣橫手市），獲得了勝利。戰亂過後，和安倍氏有血緣關係的清原清衡用回了父親的姓氏藤原，接管了安倍、清原遺留的領地——陸奧的奥六郡和出羽的山北三郡，擴張到了平泉，奠定了藤原氏四代繁榮的基礎。

因為在這兩次戰爭中，源氏率領關東武士轉戰各地，所以有學者認為這是其在東國構築勢力的契機。但實際上參戰的關東武士只是少數，引導這兩次戰爭取得勝利的真正力量是清原氏。並且，因為「後三年合戰」被認定為私戰，武士們並沒有得到獎賞。有人說義家用自己的錢財回報了將士們的功勞，但這只是明治以後為了稱頌義家而創造出來的傳說罷了。在戰亂結束後的第二年，朝廷任命別人做了陸奥守，替換了任期未滿的義家。這讓意欲在奧州擴大勢力範圍的河內源氏竹籃打水一場空。

院政的開始

從社會經濟史的角度來說，武士歷史的第二期是莊園激增的時代。全國各地的莊園都在爆發性地增加，差不多國內一半的田地和山野河海都成了莊園。加上國守還在管理的公領（國衙領），從那之後的土地制度被稱為莊園公領制。這促進了在地領主制的發展，地域社會也因此發生了巨大變化。在地領主們在莊園擔任莊官，負責當地的管理和徵收租稅，在國衙則作為在廳官人，負責日常行政、治理國衙領，以及徵收租稅和國家的臨時稅，作為領主得到了發展。

在政治層面上，之前被包含在外戚藤原道長直系（御堂流）親族關係中的天皇家族，獨立成「家」（王家），與此聯動，院政也開始了。也就是說，退位後的天皇（上皇，出家後則稱為法皇。又被稱為「院」），作為王家家長的治天之君（一般是幼小的現任天皇的父親或祖父）對國政有了強有力的發言權。因為王家分離獨立了，御堂流的「家」純粹變成了作為臣下的「家」，不得不追隨院的權力。攝政和關白一直都從這「家」中誕生，在這個意義上，這一「家」被稱作攝關家。強大的寺院也被法皇的佛法保護、統治政策所操控，爭相向王權宣誓忠誠。現在的日本史學界認為院政期是中世的開始。

武士存在感的增加

在發達的中世社會，武士和民眾、寺院的構成人員一起發揮了能動性作用。而在平安後期，他們開始擺脫卑微渺小的身份，逼近主角之位。王家內部的對立、權門寺院之間的競爭，以及寺院大眾（所謂的僧兵）對朝廷的強行上告，由莊園的激增而引發的寺社勢力和國衙的鬥爭等發展成武力紛爭，社會上的緊張氣氛高漲，這就增加了武士的存在感。

我們也可以以保元之亂（一一五六年）為界將這一時期分為前後兩個階段。在第一階段，軍事貴族完全被當作王家和攝關家的左右手使喚，還沒有足夠的獨立性。比如，白河院在下北面起用了大小武士（與中下級貴族的上北面相對，五位、六位的侍被稱為下北面。北面武士是院的親衛隊）。伊勢平氏的正盛藉此契機發跡。其子忠盛憑藉符合貴族社會的風雅以及經濟上的貢獻，得到了院的賞識。十二世紀前半葉，從白河院的晚年到鳥羽院政期，平忠盛處於差遣、統領全體北面武士的領導地位。

而對於源氏一方，有觀點認為義家出身於武士世家，鞏固了自己的地位，擴展了在中央政界和貴族社會中的勢力。但是，他介入「後三年合戰」純屬白費力氣，並且，正如某位上流貴族所寫的那樣，「年來為武士長者，多殺無罪人」（《中右記》嘉承三年正月二十九日條），也有人強烈厭惡義家的過度殺戮。因此，院政初期，也就是義家晚年的時候，陰雲開始籠罩在源氏的勢力之上。特別是義家的嫡子義親因反叛國衙的統治，被平正盛討伐，之後其一族還發生了內訌。源氏失去威勢，為義和義朝等人在政界也不斷被忠盛領導的伊勢平氏拉開了距離。

再來看地方的情況。源平的兵之家在各國尋求根據地，從中誕生了次生的武士之

「家」，它們各自開始獨立地形成武裝集團。國衙的軍事體制也因為他們的集結而開始充實起來，事態發展至如白河院所說的「諸國遍佈弓箭、大刀等武器，必須宣旨，加以制止」（《後二條師通記》承德三年五月三日條）。在這種背景下，精於武藝的一部分在地領主成為新的武士。這是在地領主的武士化，是武士的在地領主化。如前章所述，那是一個私人行使武力日益普遍的社會，正因為如此，人們才會對抑制其失控的機制強化，以及實際執行的部隊（正統化的武力）抱有越來越高的期待。當武力成為推進社會秩序形成的力量的時候，必然有越來越多的人走上武士之路。

平家政權

第二期的第二階段是保元元年（一一五六）的保元之亂以後。王家的分裂，再加上攝關家內部的對立，導致了這場戰亂。忠盛的兒子清盛幫助後白河天皇一方獲得了勝利，亂後，清盛和信西（藤原通憲）聯手擴張勢力。在平治元年（一一五九）的平治之亂中，清盛大破源義朝等人，之後以壓倒性的軍事力量為後盾，成長為能左右中央政局的政治勢力。他巧妙地利用二條天皇親政派和後白河院近臣勢力的對立，快速實現了官位的晉升，於仁安二年（一一六七）當上了太政大臣。一般的說法認為平家在平治之亂後沒多久就掌握了國家權力，但實際上他們是在仁安元年之後與後白河院聯手，作為院當時的同盟者分享了國家權力。

清盛於仁安三年出家，次年，將家主之位和其根據地京都六波羅讓給了嫡子重盛。之後，他移居攝津國福原（現兵庫縣神戶市兵庫區平野），在那裡繼續發揮其政治影響力。同一年，清盛的義妹所生的皇子即位（高倉天皇）。承安元年（一一七一），清盛的女兒德子進入高倉天皇的後宮。此外，平家也和攝關家建立密切關係，清盛的另外一個女兒嫁給了近衛基實，而由於基實早逝，她便繼承了攝關家的領地。

就這樣，平家在宮廷內外強制性地急劇擴大了勢力，招來以後白河院為首的既有勢力的反對。治承年間（一一七七—一一八一），平家和院公開對立。治承三年十一月，清盛率大軍上洛，公然發動軍事政變，處分了大量反對平家的貴族，停止院政，開始軍事獨裁。學界的主流觀點認為，平家政權始於這次政變。治承四年二月，高倉天皇讓位，德子所生的皇子即位（安德天皇），於是高倉院政開始，清盛成了天皇的外祖父。

治承・壽永內亂

通過政變，平家建立了自己的政權，但這也加深了他們在國家統治階層內部的孤立。

為了院而修建寺院、佛塔，以及舉辦儀式與法會的現象在院政期很盛行，其費用來源於受領們積極的「成功」（じょうごう jyōgō，捐獻資財以籌備修建建築物和舉行大規模儀式等費用的人得以就任官職、獲授位階）。這種負擔被轉嫁到地方社會，讓在地領主和民眾疲憊不堪。平家剝奪反對平家的貴族的知行國（該國的國政執行權被授予某人，後者可以從該國獲得收益）和國守的地位，大量積累莊園。這種行為讓平家成為國衙領、莊園內部的社會、經濟方面諸多矛盾的眾矢之的，和地方社會的對立愈加嚴重。

治承四年（一一八〇），後白河院的皇子以仁王和攝津源氏的源賴政等舉兵反對平家，動亂迅速擴大到全國範圍。以源賴朝和木曾（源）義仲為首，對院政和平家政權不滿的在地武士們蜂擁在各國起兵，眨眼之間，賴朝壓制了東國，義仲把北陸道收入囊中。這次內亂源於長年積累下來的地方對中央的不滿，我們不能將其簡單地看成源氏和平氏的爭霸戰。因此，學界取其年號，稱之為治承、壽永內亂。

各地武士分別出於各自的利害關係而起兵，並不一定是加入源氏或者說賴朝一方的。但在富士川合戰以後，通過各種各樣的事件，賴朝將參與叛亂的各種勢力收到自己麾下。文治元年（一一八五），源氏在壇之浦的海戰中滅亡了平家。此後，賴朝和義經兩兄弟間不和，義經投靠了奧州藤原氏，但藤原泰衡迫於賴朝的壓力，於文治五年討伐義經，而之後泰衡也被賴朝消滅了。

何為幕府？

幕府是以征夷大將軍為首長的武家全國政權，日本歷史上只有鎌倉、室町和江戶三個幕府。這是日本人的常識。然而，政治思想史學者渡邊浩指出，並沒有例子表明鎌倉、室町同時代的人將這兩個武家政權稱作「幕府」，就連在江戶時代，寬政（一七八九－一八〇一）以前的文書中也很少出現「幕府」一詞，這個詞以江戶後期和末期的水戶學為契機才流傳開來。

關於江戶中期以前的幕府，當時「無識之徒，或指幕府為朝廷，甚則以王稱之」（《弘道館記述義》卷之下）。值得一提的是，所謂「無識之徒」並不是指無知的民眾，而是指像山鹿素行、室鳩巢、荻生徂徠、太宰春台一般最優秀的知識分子（儒者）。

對此，藤田幽谷等後期水戶學者將德川政權的正統性歸結於它是由天皇任命的「將軍」的政府，為了進一步強化這個體制而用了「幕府」一詞。渡邊還指出，並不是說征夷大將軍被任命之後，這個政權就會意識到自己開創了幕府並自稱幕府，事實上鎌倉、室町、江戶這幾個武家政權都沒有這樣做過。

的確，鎌倉幕府在當時的稱呼是「關東」或者「武家」。室町幕府一般也被稱為「武家」。而指稱十八世紀以前的江戶幕府的用語是「公儀」。全國性的武家權力，與首長個人相對獨立開來，成為法制上的主體（以維持法律秩序為任務的法律團體，最典型的就是國家），在這個意義上被稱作「公儀」。該詞最初由豐臣政權使用，江戶幕府繼承了這個稱呼。在寬永十年以後的十年間（一六三三—一六四二），德川的公儀以老中為中心，由參加評定的各個奉行構成。他們包括遠國奉行和代官，作為公儀的化身出現在被統治階層面前。

其實，「幕府」這個詞在平安時代就有了。在日本的古代和中世，幕府是對近衛府的中國式稱呼，後改指近衛大將執行公務之地，還指左右大將本人。在鎌倉時期，「將軍御居所者，稱幕府」（《吾妻鏡》文応元年四月二六日條），幕府是對將軍所住宅邸的稱呼。這源自中國的史實，即出征時將軍在陣營中用幕布搭建軍營。

「幕府」的稱呼從何時開始使用？

如果說幕府最初指稱的是德川政權，並且在幕末的動亂中作為政治用語流行起來，那麼將鎌倉、室町這兩個政權稱作幕府是從近代的何時開始的？截至明治二十年的代表性史論，田口卯吉的《日本開化小史》和福澤諭吉的《文明論概略》等用的是「鎌倉政府」「於鎌倉開創政府」「北條足利的政府」等「政府」一詞。田口是經濟學者、文明史家，努力推廣民權，在實業界也大顯身手。另外，他還是有所作為的民間史家，編輯、出版了舊版的《國史大系》《群書類從》等，這些叢書集成、校訂了日本史研究的根本性史料。

對於「政府」被置換成「幕府」一事，《稿本國史眼》（全七冊）所起的作用是很大的（圖二—二）。該書由帝國大學文科大學（後來的東京帝國大學文學部）的教授重野安繹、久米邦武、星野恆編纂，是明治前期的官方日本通史。該大學的國史科設置的第二年，即明治二十三年（一八九〇）的十月至十二月，《稿本國史眼》出版了，並被用作教科書。該書只將包括江戶幕府在內的三個武家政權稱作幕府，並提出征夷大將軍一職是幕府的必備要素。

毋庸置疑，將首長就任征夷大將軍看作幕府的開創，這一見解因為是權威性的帝國大學的教科書所主張的，所以對之後的歷史教育以及歷史論、歷史敘述起到了極大的影響。

圖二—二・《稿本國史眼》的封面（筆者藏本）。第三分冊記載，就任征夷大將軍標誌着鎌倉幕府的開創。

鎌倉幕府是何時建立的？

如果問起，現在被稱作鎌倉幕府的政權是何時建立的，一般人都會回答一一九二年吧。「創立一個好的國家吧，鎌倉幕府」（いい国つくろう鎌倉幕府），這是為了熟記年號的諧音雙關語[①]。不言而喻，一一九二年（建久三年）是源賴朝被任命為征夷大將軍的年份。然而，至今為止討論鎌倉幕府建立的研究者們一共提出了七種說法，都分別依據賴朝權力發展各階段的里程碑式事件。關於幕府的建立時期之所以眾說紛紜，是因為每個研究者對幕府本質的理解各有不同。就一一九二年這個說法來說，它只提出這是後來的幕府首長連續性地就任征夷大將軍的開始，並沒有積極說明幕府的歷史特性。這是形式論，所以在學界並不受歡迎。

在各國設置守護

在筆者看來，現在最有說服力的是文治元年（一一八五）十一月這個說法。這時，後白

① 日語中「一一九二」和「好國家」的讀音都是「いいくに」(iikuni)。

河法皇在源義經的逼迫下向其下達追討賴朝的命令，賴朝反而利用這一點，以逮捕義經為藉口，讓朝廷認可「守護和地頭」的設置。文治元年的說法是出於重視這一事件的立場。關於此時的「守護和地頭」的內容，學界有非常深入的討論，現在也還沒有定論。大山喬平認為，這是將對西國國衙的廣泛支配權（以軍事、警察職權為中心，還涉及對土地的支配）交給了賴朝。實際上，為追討平家而進駐西日本各地的賴朝軍隊，在平家滅亡後也依舊佔據西國諸國的國衙機構。而「守護和地頭」的設置就是朝廷對上述現狀的追認。但是，這在當地引起了比預想要大得多的混亂，所以賴朝在次年就放棄了對土地的支配權限。於是，如今天日本的高中教科書等所敘述的一樣，在各國設置守護的制度逐漸固定下來，賴朝的權力也以更穩定的形式輻射西國。

守護由有勢力的御家人擔任，有義務督促被任命之國國內的御家人承擔京都大番役（參照第93頁）、逮捕謀反者和殺人犯（大犯三箇條）的義務。另外，以各個莊園及國衙領的鄉為單位設置的地頭，繼承了「守護和地頭」設置以前，和平家有關的人以及謀反者們在莊園和國衙領的各種權利和權限。御家人在「治承・壽永內亂」的戰鬥中用實力佔據的地方，日後被賴朝沒收。而賴朝將這些地方的處分權作為獎賞一攬子授予了佔據該地或者有軍功的御家人。地頭制度就是這樣形成的。

幕府將根據地安在東國，同時承擔了各國的守護（日本全國的軍事、警察職權）這種國家功能。上面提到的學說將此事件看成幕府成為全國性公權力的起點。還有學說認為，建久元年（一一九〇）十一月，賴朝上洛和法皇會面，確認了自己作為日本國總追捕使、總地頭的地位，率領御家人擔當各國的守護。這是重視另一個里程碑的說法，和前面提到的學說也有相通之處。

就這樣，鎌倉時代的國政由擁戴王家、攝關家的王朝勢力，延曆寺、興福寺這樣的大寺社和宗教勢力，以及幕府來分擔。這三種勢力之間存在對立，卻各自互補性地分擔發佈法令、任免官職、規定禮儀等（公家），體制下的宗教（寺家、社家），軍事和警察（武家）等職能，構成了鬆散的國家。研究者將其稱為權門體制。

二　承擔國家守護的人

御家人制度

支撐賴朝權力的是御家人制度，到平家滅亡為止，以相模、武藏為中心，大多數東國武士和賴朝結成主從關係，在西國也有不少人加入賴朝派來追討平家的有勢力的御家人麾下。他們之中除了從前就是源氏的「家人」之外，還有歸順賴朝的木曾義仲的「家人」或平家的御家人，以及莊園的莊官、各國的在廳官人等各種各樣的人。其中還有一部分人雖然精通武藝，但還沒到形成「兵之家」的程度。

很多在追討平家的過程中追隨賴朝的西國武士，都是守護命令國衙提交國內武士或精通武藝的在地領主的名單，並一次性予以承認的。如果將東國的御家人比作正式隊伍的話，這些西國御家人則低人一等，被當作二線的御家人對待。各國大概有三十人左右。在戰鬥迫近的軍事動員之下，巨大的御家人集團形成了。

為了在內亂後也能維持這樣的權力，賴朝在文治五年（一一八九）強行發動了討伐奧州的藤原泰衡的戰爭。全國範圍內出色的武士都被動員起來，不願參戰的人被沒收領地。據

《吾妻鏡》（鎌倉後期幕府編纂的，記錄鎌倉幕府事跡的史書）記載，參加攻打奧州藤原氏的軍士達「二十八萬四千騎」。這是極其荒唐的誇大。同樣是《吾妻鏡》的記錄，賴朝在文治元年為了討伐義經，準備上洛之時（實際上沒有實現），在鎌倉集合的關東御家人「以千葉常胤為首，主要人員兩千九十六名」（同年十月二十四日條）。在此基礎上增加一定數量，或許就接近討伐奧州的實際人數了。

攻打奧州藤原氏的意圖在於再現先祖賴義建立功勳的「前九年合戰」。比如，將進軍的路線以及在斬殺了安倍貞任的廚川逗留的日期安排成和「前九年合戰」一樣，並採取處置貞任的相同做法，曝曬泰衡的首級，甚至將此事交給當時執行相同任務的武士的子孫來辦。通過「前九年合戰」的再現性體驗，賴朝試圖讓御家人們意識到自己是賴義事業的正統繼承者，被動員的武士們是源家的譜代御家人。河內源氏通過「前九年合戰」在東國打下了勢力基礎，這種觀點也是賴朝通過政治上的演出創造的神話。

京都大番役

鎌倉幕府的京都大番役，別名內裡大番役，即動員各國的御家人，交替擔任當時天皇居住的內裡（閒院內裡）的警衛。「番」指的是交替出勤的人的集合。建久三年（一一九二）

後，賴朝構建了這樣一個體制，逼迫各國的武士選擇是否做御家人，讓該國的守護催促那些選擇做御家人的人上洛，擔任大番役。如此一來，那些不希望做御家人的就被稱作「非御家人」。鎌倉御家人承擔的勞役分為常規的和臨時的，常規的勞役主要是侍奉鎌倉殿。臨時的勞役則是不以鎌倉殿為直接侍奉對象的勞役，幕府和鎌倉殿本應承擔的職責轉嫁給了其手下的御家人集團。比起常規役，鎌倉幕府更為重視臨時役，而臨時役中最被重視的就是京都大番役。對於御家人來說，比起保護主人鎌倉殿，保護京都的天皇之役更沉重。這種不可思議的事實直截了當地說明了幕府承擔着國家的軍事、警察職能。

也就是說，即便幕府承擔着國家的軍事、警察職能，但為了在政治上、社會上獲得廣泛認可並穩定地存續下去，它必須貼近人們的日常生活，讓任何人都注意到它。一個有效的方法就是京都大番役，它保護了代表國家的天皇之「玉體」的安穩並維持都城的平安。上洛完成大番役——這樣的實際成就才是御家人保持其身份的最重要條件；並且，對於尚未被當作武士來對待的武藝精湛之人來說，這也是被認定為武士的最佳機會，而且是展現自己的華麗舞台。就這樣，武士的第三階段開始了。

平家不是幕府？

關於幕府的說明有點長了。筆者想說的是，幕府並不是一個不言自明的概念。在近代歷史學誕生之時，武家政權按征夷大將軍這個共通點被一併概括為幕府，然而在相應的時代，除了一時的例外，它們都沒有被稱為幕府。即使拋開征夷大將軍這一點，也能說明這些政權的實際狀態。從中我們會自然產生疑問：就算首長沒有成為征夷大將軍，應該還有別的能被稱作幕府的武家政權吧？與江戶幕府同樣被稱作「公儀」的豐臣政權等，就算被當作幕府也毫不奇怪。

這彷彿是哥倫布豎雞蛋的故事，平家政權和鎌倉幕府有很多共通之處，令人驚訝。平家以京都鴨川東面的六波羅為據點，讓各國的御家人承擔國家的軍事、警察方面的工作。也就是說，平家的「家人」也被稱作御家人，交替承擔閒院內裡的大番役，這是京都大番役的前身。作為最高掌權者的清盛將住所設在攝津福原，基本不上洛。據筆者調查，截至內亂打響的十一年間，清盛上洛僅十九次。這是因為，通過和後白河法皇的權力在空間上保持距離，清盛意圖確保自己的獨立性。然後，他讓在京的平家子弟與後白河進行交涉，讓熟悉政務和禮儀的、有勢力的親平家派公卿們為平家謀取利益。

賴朝也承擔了國家的軍事、警察職能，將幕府開設在比福原更遠離京都的鎌倉，比清盛對上京更沒有興趣（滅亡平家之後只上京過兩次）。比清盛利用親平家派公卿的手法更進一步，賴朝通過「議奏」，試圖增強對朝廷的影響力。「議奏」是由賴朝指定的十名公卿對重要的政務進行合議，然後再上奏。並且，賴朝將本來是平家根據地的六波羅重新組建成鎌倉權力在京都的派出機構。這就是京都守護（率領御家人，負責洛中的警衛、裁判、其他政務以及朝廷和幕府之間的聯絡），後來發展成南北兩個六波羅（探題）。

內亂中的壽永二年（一一八三）十月，賴朝作為叛軍時實際控制的東國的行政權獲得了朝廷的承認，之後他也將東國視作權力的根基。平家也是，將從攝津西端到播磨東部內陸地區之間的廣大區域內的要地作為自己領地，還在以瀨戶內海為中心的西日本發展自己的勢力。根據這些制度上、形態上的相似之處，筆者認為可以將平家也看作幕府，向學界提議將其認定為先於鎌倉幕府成立的六波羅幕府。

近衛大將的意義

賴朝在滅亡奧州藤原氏之後的建久元年（一一九〇）十一月上洛了。他就任右近衛大將，卻僅在十天後便辭去了這一職位。近衛大將是朝廷最高級別的武官職位，負責內裡的警衛，在天皇行幸時必須侍奉其左右。還有清盛的繼承人重盛和其弟宗盛一併就任左右近衛大將的先例。對於賴朝來說，他不喜歡一直擔任近衛大將而被限制在既存的國家體制的框架之內，但這個地位是有利用價值的，那就暫且留下一個就任的履歷吧。

說到征夷大將軍，一直以來的理解是，賴朝迫切地想要這個職位，但是被後白河一方拒絕了，建久三年，他在後白河死後終於實現了這一願望。然而，近年來隨着新史料被發現，事實上是賴朝提出「捨棄前大將（前右近衛大將）這個稱號，想重新受命為大將軍」，於是，王朝一方就從各種大將軍的稱號中為他選擇了征夷大將軍（《山槐記》逸文，建久三年七月九日條）。

平安初期，和蝦夷戰鬥過的坂上田村麻呂兩次擔任征夷大將軍，到過世前一年升任大納言為止，他都一直保留着這個名譽官職。其實，田村麻呂自廿三歲在朝廷任官以來，一直走的是近衛府的武官之路，後來榮升少將、中將，在第二次就任征夷大將軍之後兼任了右近衛大將。王朝一方必定意識到近衛府和征夷大將軍的深厚關係，想將賴朝所獲得的各國守護的權限儘可能限制在自己的控制範圍之內。帶着這樣的期待，王朝才選擇了征夷大將軍的稱號吧。

賴朝之後的鎌倉殿也是在當了近衛府的次官（次將，即中將、少將）之後被任命為征夷大將軍的。這是至今沒有被注意到的地方。建久十年（一一九九）正月十三日，賴朝死後，第二代鎌倉殿賴家以十八歲的年齡繼承了家主之位，同月二十日，從近衛少將轉任近衛中將。儘管有人說在服喪期間任官有違人道，但同年正月二十六日依然有旨意下達：「續前征夷（大）將軍源朝臣遺跡，宜令彼家人郎從等，如舊奉行諸國守護。」（《吾妻鏡》同年二月六日條）同年九月，賴家讓各國守護催促怠慢的御家人前去承擔大番役。而賴家實際上就任征夷大將軍是在三年後的建仁二年（一二〇二），即他廿一歲的時候。所以在那之前，對外來說他是近衛中將，順便承擔了作為左衛門督的任務。

第四代的九條賴經和第五代的九條賴嗣都是在當了右近衛少將之後，於同一天就任征夷大將軍之位的。第三代的源實朝是個例外，建仁三年，賴家試圖除掉北條氏但是失敗了。九月二日，十二歲的實朝就任征夷大將軍，同年十月二十四日，就任右兵衛佐。次年三月，他就任右近衛少將，建保六年（一二一八），他在廿七歲時當上了左近衛大將，同年升任右大臣。賴家等人之所以不是大將，是因為當時大將的經歷是成為大臣的條件，而除了攝關家之外，按當時的慣例，只有出身於藤原氏的閒院、花山院兩家，以及村上源氏的久我家這些僅次於攝關家的最上層貴族（以上被稱作清華家）才能擔任。年少的鎌倉殿只能止步於次將。而保元元年（一一五六）已設左右中少將各四人，共十六人，位置充裕。而第六代的宗尊親王之後的親王將軍沒有經歷近衛次將的職位，恐怕是因為皇族本就是近衛府應該保護的對象。

從這些例子我們可以知道，鎌倉殿在當上朝廷任命的近衛將官之後，再就任征夷大將軍。如果說鎌倉殿本身因為北條氏的得勢而逐漸失去實權，近衛將官和征夷大將軍也變得形同虛設，這種觀點是沒錯的。但從朝廷的角度看，可以說那是作為承擔國家的軍事和警察職權的權門及其首長應有的狀態。另外，在室町時期第三代的義滿之後，幕府體制得到了完善。之後的各位將軍都沿襲他的「佳例」，擔任過右近衛大將（幼年夭折的第五代義量和第七代義勝除外），而在那之前就任左中將和征夷大將軍。這兩者的任命是在同一天，或者先就任征夷大將軍。室町幕府也有過不設征夷大將軍的時期，所以其位置並不算高。倒不如說，為祝賀就任近衛大將而舉行的拜賀儀式才是誇耀性地顯示了一家之主的換代。

《平家物語》的誤導

前面說了可以把平家政權理解成幕府。但是一直以來，幕府的開端仍舊被認為是鎌倉幕府，平家政權作為武家政權的真正價值一直受到懷疑。人們多用「貴族性」來形容平家政權的半途而廢和不成熟。現在日本的歷史教育還是沿襲這個說法，比如，長年來使用最普遍的高中日本史B科目的教科書《詳說日本史》（山川出版社）斷定：「平氏政權和攝關家極其相似，雖是武家政權但帶有強烈的貴族性。」

古典文學作品《平家物語》或許為平家作為武家遭到的負面評價提供了最大的依據。其中說到，面對眼前的富士川之戰，齋藤別當實盛在平家陣營中說起了東國武士的硬弓和勇猛果斷，於是周圍的武士都瑟瑟發抖，並且，平家的子弟們大多被塑造成優雅但缺乏氣力的貴公子形象。自古以來，《平家物語》讓很多人着迷，所以影響力也大。直到最近，人們都深信不疑地認為其內容是史實，將平家理解為軟弱、不成熟的貴族化武家政權。但是，被當作典型的鎌倉武士的畠山重忠和熊谷直實在內亂剛爆發時是作為平家一方來行動的。正如這個事實所表明的，很難認為源平兩方的武士在實力上有大的差距。因為輸了所以軟弱，這個說法只是結果論罷了。

《平家物語》的異本數量驚人，而且彼此之間的差異非常大。根據現在對《平家物語》各個版本的研究，包含詳細敘述賴朝在關東舉兵的合戰物語在內，作為讀物被創作出來的各個版本（讀本系列，最古老的形態是延慶本。《源平盛衰記》也屬於這個系列）比琵琶法師彈唱的劇本類（說唱本）更早成立。現在一般認為說唱本系列的各個版本是在整理了吸收大量雜糅信息的延慶本系列後形成的（其中的最佳版本是我們在高中等階段學習的覺一本）。雖說《平家物語》不是讚賞武士勇猛的文學作品，但它在成書過程中採用了作為勝利者的賴朝一方的合戰傳說。正因如此，從結果來說，它誇大了東國武者的英勇。

由於江戶幕府將賴朝的權力看作自己的源流，於是就形成了東國武士才是本來的武士的這種意識，因為他們是第一個壓倒貴族政權（包括帶有貴族性的平家）的政權的原動力。

賴朝權力是江戶幕府的模範

慶長十六年（一六一一），為了將豐臣秀賴收為臣下，德川家康上洛；三月，在二條城進行了會面；四月，讓在京的大名寫下誓詞，記下三條誓言。其中第一條為奉「右大將家（賴朝）之後每代公方（將軍）」制定的「法式（掟）」，堅守江戶將軍秀忠的禁令（《御當家令條》卷二）。立此文書也是為了讓大名們承認，以德川將軍為中心的政治制度是繼承了鎌倉之正統的武家政治。當時要求立誓的對象是西國的權勢大名，次年即慶長十七年，東國大名也被命令寫下同樣的誓詞。但是，秀賴並沒有在上面署名。

家康熟讀《吾妻鏡》（值得注意的是，《平家物語》是《吾妻鏡》的編纂材料之一）。家康侍醫所著的《板坂卜齋覺書》中記載，家康愛讀的書基本是漢籍，讚賞的人基本是中國人，和日本相關的僅有《延喜式》（九二七年選編的律令施行細則集）、《吾妻鏡》以及賴朝。家康應該是私淑賴朝，不把賴朝以外的政治家放在眼裡。

家康年幼時，作為今川氏的人質被送到駿府（現靜岡市），吃了很多苦；後來又被秀吉改封到關東。豐臣氏滅亡之後，他選擇了以江戶和關東八國作為基礎的國家形式。賴朝在年少時也在伊豆渡過了二十年的流放生活，平家滅亡後也在東國建立了權力的根基。這種境遇上的相似性也在某個層面上讓家康對賴朝及其政治有所共鳴吧。以右大將家的例子作為政治模範的態度，正如幕府的正史《德川實紀》所述，「興許是常認為鎌倉右幕下（賴朝）的執政符合自己的想法吧，常對其種種事跡進行評價」（《東照宮御實紀附錄》卷十二），反映了家康對賴朝非常感興趣。

江戶幕府史觀的最高峰

賴朝及其幕府是德川幕府的源流，又是現實政治的規範和行為準則。江戶中期的儒者、政治家新井白石所著的《讀史餘論（公武治亂考）》可以看作這種政治觀的歷史版。這部史書將日本的歷史分為前九個階段和後五個階段，前者是從平安前期的藤原氏外戚專政到南北朝分立的王朝沒落，後者是從賴朝開創幕府到當代（德川政權）的「武家之世」。他主張武家政治出現的合理性和必然性，肯定了作為其終點的德川的統治。並且這本書還是在十八世紀末之前極其少見的用「幕府」一詞稱呼全國性武家政權的例子。

在白石看來，貴族政治是導致地方政治混亂、促進武士抬頭的根本原因。他認為，平家「常常居住在都城，習慣與公家的人朝夕相處、關係親密，所以完全忘記了武勇」，還嚴厲地批判「將幕府設在京都」的室町幕府是「大錯特錯」。與此相對，他讚賞家康有「神謀」，學習賴朝將幕府定基於東國，並且與鎌倉不一樣的是，家康將文武兩方面發展俱佳的江戶定作「子孫萬世之都」。該書對近代歷史學的影響極其巨大。

所謂鎌倉時代的劃分

將歷史按照時代劃分時，鎌倉時代這個名稱有可能誤導人們的歷史認識。因為鎌倉幕府並沒有否定京都的王朝，西日本原有的國家體制和基礎尚有餘力維持在一定的狀態下。幕府的存在是受朝廷保障的，這種表面話在幕府滅亡的那天也未曾改變。發生在鎌倉時代的各種事件，單憑幕府的歷史是沒有辦法說明的。

但是，在後鳥羽上皇倒幕失敗的承久之亂（一二二一年）以後，幕府逐漸吸收了朝廷的權限，在十三世紀後半葉之後還能左右皇位的繼承事宜，加強了對朝廷政務的干涉。另外，幕府還介入了莊園領主和御家人們的領主權，推進集權。

在幕府內部，權力集中在得宗（北條氏嫡流的家主）手上，在得宗私宅舉行的近臣集團〔外戚和御內人（侍奉得宗的「家人」和家臣）〕會議，事實上成了政治決策的場合，一直以來的執權（輔佐將軍，統合政務的最高職位。由北條氏世襲）、評定眾（從有勢力的御家人中選拔任命。和執權一起商議、做出政治決策並負責審判的機關）等的地位和權限都被架空了。得宗的專制和內管領（御內人之首）的專橫招來了受到冷遇、壓迫和干涉的人們的反抗，這也成了幕府滅亡的一個重要原因。

三　室町、戰國時代的武家與武士

南北朝內亂和室町幕府

後醍醐天皇以天皇親政為理想，為了打倒妨礙他的鎌倉幕府，召集了反幕府勢力。元弘三年（一三三三），後醍醐順利消滅北條氏，建立了建武新政權。但是，因在倒幕中立了大功的源氏一族的足利尊氏謀反，新政權僅維持了三年就崩潰了。尊氏於曆應元年（一三三八）就任征夷大將軍，在那之前的建武三年（一三三六）十一月，他制定了事實上的法令「建武式目」，實際上已經建立了幕府。十二月，後醍醐前往吉野，拉開了尊氏擁護的京都北朝（持明院統）和吉野南朝（大覺寺統）對立、抗爭的南北朝內亂時代的帷幕。

幕府在起步之時繼承了鎌倉幕府的各種制度，接收了其行政幹部集團，但把政權所在地轉移到了京都。把幕府設在京都的原因是，若像鎌倉幕府那樣只掌握軍事和警察職權的話，將根據地設在鎌倉並充分利用六波羅就足夠了；但如果幕府要想成為真正意義上的全國政權，就必須把政權設在一個中心都市，它既是政治、文化、宗教的中心，也是莊園領主集中居住的地方，更是全國的財富、人力及信息都集中的經濟、流通中心。

支持後醍醐天皇的南朝一方在各地與北朝勢力鬥爭，但被大多數國人（對南北朝以後的在地領主的稱呼）支持的北朝一方壓制，逐漸失去了各國的據點。內亂前後大約長達五十七年，但並不是因為南朝一方有強大的實力，而是因為在武士中，冒進的在地領主毫不客氣地侵略作為王朝貴族和大寺社經濟基礎的莊園和公領，而保守派卻對王朝貴族的利害關係抱有顧慮，兩者之間的對立一直持續着。幕府權力有對內支配武士、對外實行統治的兩面性，這導致分擔內外政務的尊氏、直義兩兄弟不和，爆發了「觀應之亂」（一三四九—一三五二年）這場大亂。南朝一方抓住這根救命稻草，將在此亂中沒落的直義一方的保守派拉入自己陣營，於是曾三次奪回京都。從那以後，反抗幕府的武士們都投降了南朝，自稱南朝一方，和幕府作戰，這種模式不停地循環着。

然而，貞治元年（一三六二）之後，幕府政治逐漸穩定，北朝一方也在軍事上維持優勢，社會暫時安定。執事（管領）細川賴之雖然將武士們的莊園侵略認同為既成事實，但不允許超過現狀的侵害。這種形式在一定程度上保護了權門貴族、大寺社和國人，守護雙方的權益，成為室町幕府土地政策的基本方針。在此前後，一直以來由朝廷行使的各種統治權改由幕府分擔或者接替，京都的市政等方面也由幕府侍所掌握。

義滿的時代

永和四年（一三七八），第三代將軍義滿在京都北小路（現上立賣路）室町營建新宅邸（室町幕府名稱的由來）。康曆元年（一三七九），他讓細川賴之下台，掌握了政治的實權。他還歷任右近衛大將、內大臣、左大臣、准三后（按照太皇太后宮、皇太后宮、皇后宮的待遇），官位升到了從一位。在就任內大臣的永德元年（一三八一），義滿開始使用不同於之前武家樣式的公家樣式的花押（署名）。他最後使用武家樣式的花押是在嘉慶元年（一三八七），之後在處理所有事情時都用的是公家樣式的花押。對此有學者認為，這是義滿從文人「公方」的立場表示自己意欲統率公家、武家雙方，原因在於室町幕府並不單是武家政權，而是作為君臨公武的政權起步的。

明德三年（一三九二），義滿實際上將南朝併入北朝，終結了內亂。應永元年（一三九四），他將將軍一職讓給兒子義持，就任太政大臣，並在次年出家了。應永四年，他開始營造北山殿。應永八年，他向中國派遣使者，雙方開始外交與通商。次年，他被明朝皇帝封為「日本國王」。義滿在出家後，要求得到和法皇一樣的待遇，登上了權勢的巔峰。

其後的室町幕府

然而，第四代將軍義持修正了義滿後期的政治路線，將義滿超越並君臨公武的權力轉換成被稱為「公武二頭政治」或「公武融合政治」的政治形態，即院、攝政與足利家家主一起協調處理國政。也就是說，幕府的權力並不是只代表武士的利害關係，在幕府內部，將軍也重視和宿老（居住在京都的有勢力的守護）的合議，以此推動政權的運作。

幕府具有守護聯合政權的性質，但同時，最初將軍也能通過任命守護來更換守護的頭領。但是到了十五世紀，情況逐漸變成只要不發動叛亂，守護的職位就可以世襲。這是因為：鎌倉時代的守護，除了軍事和警察相關事務之外，被禁止介入國衙行政；與此不同，室町時代的守護在將國內的國人階層收為家臣的同時，也掌握了國衙機構，其支配權輻射到莊園和國衙領，守護和其任國的關係一下子得到了強化。

而第六代將軍義教彷彿與此潮流逆向而行似的，鎮壓有勢力的守護、廷臣和有實力的寺社，以實現將權力集中在將軍手上。因此，嘉吉元年（一四四一），害怕被罷黜守護一職的赤松滿祐殺害了義教（嘉吉之亂）。在此前後，以京都為中心連續爆發了大規模的「德政一揆」（民眾起義，特別是其中要求幕府發佈廢除買賣、借貸契約的德政令的起義），給幕府帶來了持續的打擊。此外，緊接着很早就獨立的九州，關東八國也脫離了幕府的統治，於是戰亂（享德之亂）開始了。

戰國時代揭開帷幕

第八代將軍義政上台後，政治仍舊混亂，以將軍家及管領畠山、斯波兩家的繼承人問題為導火索，終於在應仁元年（一四六七）爆發了「應仁、文明之亂」（一四六七—一四七七年）。以前將此亂看作戰國時代開端的學說很有影響力；但近年來有學說認為誘發了「應仁之亂」的「享德之亂」（一四五四—一四八三年）才是開端；也有學說認為戰國時代始於「明應之變」（一四九三年），因第十代將軍足利義才（義稙）被廢除將軍一職，幕府決定性地喪失了中央政權的機能。亂後，在地方社會，守護領國制發展，莊園公領制最終解體，加強領國支配的守護或者守護代中成長出了戰國大名。

武士和在地的關係

前面快速介紹了截至中世後期的武士歷史，但那應說是武家政權的歷史，而基本沒有提及作為其構成人員的每一位武士的存立根基。這裡將做補充說明。

一般來說，中世武士在社會、經濟方面的實體被稱作在地領主。他們以農村為中心，支配自己的領地。如果按所領、所職（伴隨職務的權利）的內容，將發達的中世在地領主支配的構造模式化，可以畫成一個三重構造的同心圓（圖二—三）：A作為根據地的住宅地，領主的支配權滲透最深；B擴展到住宅地周邊的直營地，不用為莊園領主或國衙承擔公事和雜役（與以土地為對象的租稅、年貢相對，是以人為對象的賦稅、當地的產物以及勞動力等）；C在其外部延展開來的郡、鄉、保等地域單位。

居住在A和B的庶民被稱作下人、所從，而在領主支配程度最弱的C裡居住着獨立的百姓、一般的農民，也分散有其他在地領主的領地（D、E、F）。據說下人和所從附屬於領主的「家」，是被視為財產的世襲隨從，必須一整天都

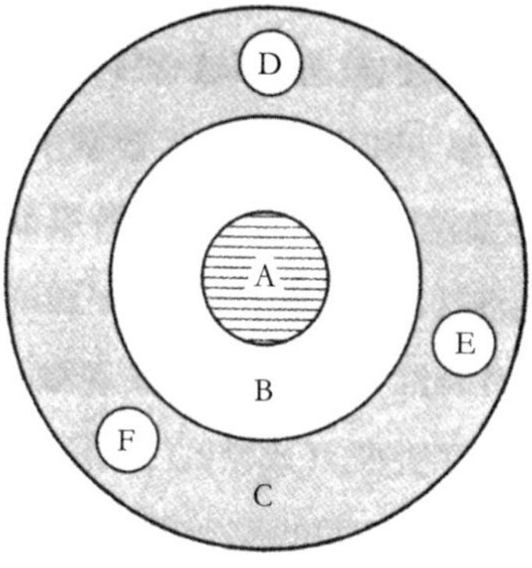

圖二—三・在地領主支配的構造模式（對石井進的原圖進行了部分修正）

侍奉主人。當主人是武士時，他們還必須作為輔助性的戰鬥人員和勞動力奔赴戰場。與此相對，百姓和在地領主之間是比較鬆散、自由的關係，每反田（不到一千兩百平方米）繳納五升（約九公升）左右的加徵米（在國衙領和莊園，除了本來的租稅和年貢之外徵收的米。租稅和年貢上繳給莊園領主或國衙門，加徵米上繳給在地領主）。而領主對D、E、F基本上是沒有支配權的。

然而，中堅階層以上的鎌倉御家人，包括地頭職在內，大概會有三處領地。比如鎌倉後期，以安藝國為根據地的竹原小早川氏的定心（政景）於正應二年（一二八九）將安藝國都宇莊（現廣島縣竹原市）、阿波國板西下莊（現德島縣小松島市）的一部分、備前國裳懸莊（現岡山縣瀨戶內市）、鎌倉米町（現鎌倉市大町一町目）的家產讓給了兒子（政宗）。竹原小早川氏是鎌倉幕府有勢力的御家人小早川氏（賴朝舉兵以來，幫助賴朝並大展身手的土肥實平的子孫）的分家。有勢力的御家人領地會分散在全國各地，事實上，小早川氏的本家擁有比竹原氏更多的領地，在京都就有七處房產、土地和家族寺院。他們出乎意料地依附於都市，將在地方的領地分給族人和有勢力的家臣管理。我們不能斷言這是緊密依靠地域社會的支配形態，因為其中還是包含了不同性質的要素。

武士的宅基地

中世武士在地域社會裡日常生活的宅邸被研究者稱為「居館」或「方形館」。其遺址一般被發現在沖積地和沖積扇、自然堤防的微高地、較低的台地、河岸階地等和水田耕作關係密切的地點，呈現為每邊不到一町（一町為一〇九米）的方形，面積多為八千平方米左右。在平地上的方形館四周築有土壘，外側圍繞着水溝或無水壕溝。被土壘和壕溝圍繞的宅基地內部被稱作「堀之內」「土居」等，在那裡有主屋、馬廐、倉庫、瞭望樓、鷹屋、佛堂、墓地等建築物，還有一些田地。水溝朝陽，試圖讓冒出來的冰冷的水變成溫水，能當作旱災時備用的蓄水池，有保證農業用水穩定的作用。另外，在緊急時刻，比起在居館進行嚴防，在要害之地另造退避專用的城池會更有效果。當時很多武士在居館後面的山地上建造具有防衛功能的小城，兩者並用，就是出於這樣的判斷。

上面是一般的說法，但隨着二十世紀七十年代以後中世城郭史和城郭考古學的發展，必須對這種說法進行修正。說到底，就算是在據說是武士發源地的東國，水溝（乾溝）和土壘也是在十四世紀以後才出現的，在十五世紀之後變得廣泛起來，能追溯到中世前期的可能性很小。另外，當時並沒有將中世武士居住的在地設施稱為「館」和「居館」的習慣。將「館」念作「タチ」（tachi）、「タテ」（tate）的話，指的是帶有公權性質的國司等「貴人的宅邸」，而且指其在任期中暫時居住的建築物。根據文獻史料，武士的主宅一直是用「屋敷」這個詞。只有在緊急時刻，它才被用作城郭，在日常生活中並非城郭。

水溝提供農業用水的說法，以及山麓的宅邸和山城是成對出現的說法都沒有得到證實。雖然有個別例外，但十四世紀以後山城大量出現的說法應該還是妥當的。根據城郭史研究者中井均的指教，山麓的宅邸和山上的防衛小城的關係在十五世紀中葉開始變得密切起來。十四世紀是南北朝內亂時期，十五世紀是戰國時代的開端。從明治到大正，人們出於強調武士誕生和居住於農村的立場，選擇了「居館」這個莊嚴的漢語詞，並且想當然地認為存在像武士據點的土壘和壕溝等防禦設施。前面提到的一般說法應該就是這樣形成的吧。

根據對地方武士根據地相關的文獻、遺跡、周圍地形等進行嚴密的考察，研究有所進展。上述便是這些研究闡明的事實。但關於其具體內容，還有待今後的探討。

身份制度的變化

進入南北朝、室町時代（中世後期）以後，武家整體上勢力越來越大。他們的興盛導致了莊園公領制的衰退和解體，以及王朝各種勢力的衰落。因此，比起歸屬武家的侍（關於侍，請參照第一章），其他權門中侍的存在感越來越弱。這時，武家的侍（家中）的核心當然是武士，所以，侍和武士逐漸就被等同看待。中世後期的身份制度沒有前期那樣的體系性和持久性，是不安定的，而且隨着戰國時代的社會變動，很大一部分遭到否定，變成了過渡性的東西。同時，從大局來看，與近世身份制度聯結的要素也開始若隱若現，帶有為近世江戶時代做準備的意義。

民眾主體力量的增大可以被認為是身份制產生變化的背景。有實力的百姓中逐漸出現積極突破百姓、平民的界限，想要上升到侍身份的動向。戰國時代近江的《多賀神社文書》中出現了被稱為「新侍」的、擁有姓氏的百姓。各國都出現了這樣的人，隨着實力的增長，他們棄農習武，並且為了提高門第，買下窮困潦倒的侍的譜系，開始自稱為侍。在黑澤明導演的名作《七武士》（一九五四年）中，由三船敏郎扮演的菊千代，被設定為父母被夜裡的強盜殺死的百姓家的孩子，他拿着偷來的譜系說自己是侍。當時確實出現了很多這樣的侍。這些新侍（地侍）成為守護的被官（變成家臣的下級武士），被編入軍隊。

四　從豐臣政權到幕藩體制

太閤檢地

戰國之亂持續了漫長的歲月，在最後階段，織田信長嶄露頭角，於永祿十一年（一五六八）擁戴流亡中的足利義昭入京，將他扶上將軍一職（第十五代）。接下來，天正元年（一五七三），信長將與自己為敵的義昭趕出京都，終結了室町幕府，平定了半個日本。信長由於明智光秀的叛亂而死於非命，羽柴（後來的豐臣）秀吉繼承了信長的統一大業，於天正十八年將其完成。

秀吉的時代經歷了和平帶來的空前繁榮和文化的蓬勃發展。豐臣政權推出的核心政策是太閤檢地（全國性的土地調查）和收繳兵器（刀狩）。戰國大名也會調查成為家臣的國人和地侍等的土地，用徵收的年貢（換算成貫高這種貨幣的金額）表示土地面積（貫高制），而這個貫高就成了對他們課徵軍役的標準。與此相對，太閤檢地將土地按照土質分成上、中、下、下下等等級，分別決定其斗代（也稱作石盛，指每反的石高換算率。比如，上田的話，換算成玄米為一石五斗的量。一石大約一八〇升），再乘以檢地後明了的面積，算出每塊耕地的石高。

之前的觀點認為戰國大名實際上沒有檢地，而是讓領國內的家臣自己申報土地面積、年貢量等信息（差出），與此相對，太閣檢地之後採用的方法是，奉行到現場進行測量，掌握土地的面積、產量等實際情況。但之後的研究確認了這樣的事例，即戰國大名的檢地也有實地測量，並通過測量得出被稱為「增分」的追加負擔。此外還有人主張，雖然作為太閣檢地基準的斗代似乎等同於產量，設定得過高了，但這年貢的數額是將之前各種等級的土地所負擔的租稅和中間榨取價值等合計之後的標準值。太閣檢地以統一權力為後盾，對實地的掌握程度有了飛躍性提升，這是毋庸置疑的。但現階段的研究表明，還必須考慮到戰國大名時期以來的連續性。

石高制

太閣檢地從天正十七年（一五八九）正式開始，江戶初期到前期也繼承了這種大規模的檢地。江戶時代實現了在各個村落以統一的標準實行檢地，不僅是田，連不產米的旱地、宅基地、荒地也被賦予了各自的石高。把村落中所有這些石高合計起來的總值就是村高。無論村裡土地各自的形態如何，都被換算成石高這個能被計量和比較的數字。這種方式普及到全國的每個渡口和漁村。石高制的確立具有劃時代的意義。

領主將村高乘以年貢率（三成到四成），課以年貢。在村中，年貢分配給村民們，再根據他們所持份額的大小、有無來決定他們的身份和門第。石高還被記載到主君給家臣分封知行地時發行的「知行宛行狀」（表示知行的分配、保障其權利的文書。秀吉發給大名的叫「領知朱印狀」）等文書上。這就是課以軍役的基準。但大名的石高或者某國的石高並不是由檢地決定的村高之總和，而是以收取的年貢量為參考，並考慮到政治上的因素而決定的，這種石高稱作表高，顯示了大名的地位。

百姓身份與兵農分離

在中世的莊園公領制下，一塊耕地中混雜了數種權利和義務。太閤檢地釐清了這種錯綜複雜的狀況，實行一塊耕地安排一名耕作者這種「一地一作人」的制度。其結果是，農民對自己田地的保有權雖然得到了承認，但同時被賦予繳納年貢和耕作的義務。百姓還需要承擔建造城池、搬運兵糧等勞役。

天正十九年（一五九一），秀吉在出兵朝鮮之前，命令各國大名提交該領國的御前帳（按國、郡記載了表高，是統治一方的基本賬目）和郡繪圖（以郡為單位繪製的地圖，也稱作國繪圖）作為決定軍事動員數的基準。同年，根據所謂的「身份統制令」，禁止武家奉公人（足輕、中間、小者等，是處於士和百姓中間的階層）成為町人或百姓，禁止百姓成為商人、手工業者。在次年的文祿元年（一五九二），秀吉政權發佈了「人掃令」，進行全國性的戶口調查，按職業之別調查和確定戶數、人數。這也是為了確保同一年開始的朝鮮戰爭所需的勞役和人力。

秀吉政權實施的各項政策，區別了作為統治身份的武士（兵）和作為被統治身份的百姓（農民等），開啟了武士統治其他所有人的體制。這就是兵農分離。關於其具體情況，現在的研究者們批判性地檢討了之前的理解，對以武家奉公人的身份、實際形態、供給源及其動向為中心，涉及收繳兵器令（刀狩令）、武士的城下町集住等問題展開了熱烈的討論。

收繳兵器令與禁止喧嘩令

不管怎樣，經過兵農分離，包含新侍在內的村落下級武士要麼成為士，要麼成為農。下克上被畫上終止符，成為士的人進入了以秀吉為頂點、大名為支點的知行體系。天正十六年（一五八八）七月，豐臣秀吉發佈收繳兵器令，命令手下的大名們收集百姓的兵器。在中世社會，村落也是自立救濟的主體，所以每個村落都擁有大量兵器。村與村之間圍繞山野的權益和水源而爭鬥不斷。發生爭鬥時，百姓們聚集起來，揮着兵器，相互殘殺。這是必須阻止的事態，為此有必要查封村落中的兵器，禁止其使用。於是秀吉在政權成立的最初就頒佈法令，禁止農民的「喧嘩」（自立救濟）。

收繳兵器令是與其相關的措施，禁止村落和百姓行使武裝權（持刀和殺人的權利），並且在原則上只允許武士帶刀。當然，收繳兵器令的「初衷是防止（百姓的）一揆」（《多聞院日記》天正十六年七月十七日條），這一方面很重要。但是，德川幕府既沒有廢除秀吉的收繳兵器令，也沒有積極繼承它。禁止喧嘩令則延續下來。雖然百姓們被禁止帶刀，但並沒有被完全解除武裝，村落裡還殘留着大量的兵器。對靠近山的村落來說，要制服破壞農作物的野豬，火繩槍是不可或缺的。只要持有許可證，人們就能擁有作為農具的火繩槍。需要注意的是，收繳兵器令使得百姓身份更加明確，具有身份法令的性質。

德川氏的霸權

秀吉兩次出兵朝鮮，不僅給後者造成了人力物力上的巨大損失，而且導致日本國內的豐臣政權疲憊，統治根基動搖。在朝鮮敗相昭然的慶長三年（一五九八），秀吉去世。德川家康作為受秀吉遺託而負責施政的五大老之首，在後年的關原之戰中獲勝，實質上坐擁天下人的位置。

關原之戰本來並不是豐臣對德川的戰爭，戰後豐臣家也並沒有淪落為一介大名。雖然戰勝方在形式上的總大將是家康，被打敗的主要是石田三成等被秀吉提拔的大名，但對勝利做出貢獻的也是秀吉提拔的大名。所以，以加入石田一方為理由被沒收的六百六十二萬石領地中的 80%，作為增加的部分被分配給勝方中被秀吉提拔的大名。家康雖然在事實上獲得了給大名分發領地的權力，但那時他還不能發放秀吉在分配領地和增加部分時給大名發放的「領知朱印狀」。因為，家康還沒能讓豐臣政權下曾是同輩的各大名臣服於自己。

江戶幕府的成立

家康製作了作為源氏一族新田氏後裔的譜系，於慶長八年（一六〇三）被朝廷任命為征夷大將軍，在江戶開創了幕府。自慶長九年以後的十一年間，他效仿秀吉讓各位大名提交國繪圖和御前帳，試圖藉此掌握大名的領地。慶長十年，他辭去將軍一職，讓兒子秀忠接受將軍宣旨。據說，為拜領宣旨而上洛時，德川氏的隊列效仿了源賴朝在平家滅亡後的建久元年（一一九〇）第一次上洛時的先例。慶長十二年，家康將江戶城讓給秀忠，移居駿府，也將德川譜代家臣和以關東為中心的統治交給他，但這並不是說德川氏已然換代。家康讓秀忠就任將軍，是為了表明他不會將政權交給豐臣秀賴的政治意志。所以之後家康作為大御所繼續掌握着實權。

他吸取出兵朝鮮的教訓，不驅使各位大名參加戰爭，通過讓他們前往江戶參勤、建設作為全國統治據點的城與城下町，動員他們參與主要河川的治水工程（天下普請、御手傳普請），努力維持、強化體制，對外則修復被秀吉破壞的和中國、朝鮮的關係。因此得到各位大名支持的家康，於慶長二十年五月，在大坂城滅亡了拒絕臣服的秀賴，鞏固了德川氏的政權。似乎就此安心似的，家康於次年元和二年（一六一六）去世了。

次年，秀忠率大軍上洛。讓各位大名陪伴其左右，顯示出家康對各大名的軍事指揮權現在轉移到了秀忠身上，上洛的目的之一就是炫耀這點。此時，德川將軍給大名、公家、門跡、各寺社發放的「領知朱印狀」，成為之後將軍換代時發放的「領知朱印狀」的濫觴。

幕藩體制

直到慶應三年（一八六七）第十五代將軍慶喜大政奉還的二百六十四年間，江戶幕府作為對內統治全國、對外代表日本的政府發揮了其功能。以中央政權江戶幕府及擁有獨立領國的藩為統治機構的政治社會體制，被稱作幕藩體制。從某個層面來看，可以說幕府完成了秀吉創造的全國支配體制。不單是「公儀」這個稱呼的共通性，而且從上述這一點來說，將豐臣政權稱為幕府也並不奇怪。

幕府是由譜代大名和旗本、御家人組成的軍事組織，同時，作為其首長的將軍對全國進行支配。大名雖然接受《武家諸法度》（一六三五年）等統制，但原則上其領國內的政治、法制、經濟等方面的獨立性是得到承認的。但是，大名揣測幕府的意向，實行貼近幕府的政策。

幕府的支配組織

幕府初期的支配組織是這樣的：依靠家康這個魅力型支配者的恩寵和信賴而得到任用的「出頭人」等，在年寄、奉行眾、代官頭等職位上，根據其能力承擔必要的政治性職責。出頭人的權勢來自主君的信任，而隨着天下人的交替，失去權勢也在所難免。家康死後，本多正純等人失勢；秀忠死後，第三代將軍家光疏遠了秀忠大御所時代的舊年寄們。於是，新的年寄眾的職務逐漸被限定並且成文化，採用合議和月番制（每月指定負責人，讓其交替出勤），年寄與大目付（監督各種事務，監察各大名的行動，揭發各官僚的瀆職）、三奉行（寺社、（江戶）町、勘定）等同列，成為將軍直轄的下級機關。但是，當家光因為生病而怠於政務時，行政就發生了延遲和停滯。

寬永十五年（一六三八），康復後的家光將大目付以下的各職位配置到松平信綱等三人轄下。這被看成老中制度的成立。此外，家光的小姓組番頭（親衛隊隊長）出身的「六人眾」作為「若老」抬頭了，這是若年寄的前身。此後，老中主要管理幕府的全國支配相關的問題，若年寄則指揮、管理旗本、御家人等，掌握了幕府內部。

旗本、御家人

最初在德川氏的軍團裡，譜代大名和旗本沒有區別。通過對大番、書院番、小姓組（稱為三番）為主力的將軍直轄軍隊的重新編組，旗本誕生了。在此過程中，一萬石以上的家臣被定為譜代大名，從德川氏的軍團中獨立出來。江戶時代大名的標準為一萬石以上，這個規定也通過寬永十一年（一六三四）的老中法度和次年以旗本為對象的諸士法度改定而確定下來。

旗本是能謁見將軍的「御目見」以上地位的人，旗本和御目見以下的家臣（即御家人）總稱為直參或者幕臣。享保七年（一七二二）的調查顯示，旗本有五千二百零五人，御家人有一萬七千三百九十九人。旗本和御家人有義務居住在江戶（在府）。旗本基本上在幕府中擁有職位，但沒有任職的人也不少。有職位的旗本分為負責軍事性任務的番方和負責行政、司法、財政的役方。剛開始是番方受到重視，但隨着和平時代的持續，役方逐漸被重視起來。

番方的任務是負責江戶城的警備（一部分人以一年為期限前往大坂城、京都二條城執行任務）和將軍出行時的警衛，大番以下的三番之外還有新番、小十人組，共五個番（五番方）。番方中設置了番頭，率領組頭、番士執行任務。番方中的一部分配備了與力、同心等御家人擔任的下級職位。役方負責行政、司法、財政等各種工作，根據職業種類也會配備御家人作為其下屬。

大名與藩

大名統治的領域及其統治機構被稱作藩。但是藩並不是公開的名稱，正如將軍給大名發佈的分配領地的文書叫作「領知朱印狀」一樣，當時藩被稱作「領知」。從明治元年（一八六八）維新政府將原來大名的領地稱作藩，到三年後的廢藩置縣，「藩」這個詞被當作正式的行政單位使用的時間很短。

江戶初期的藩不足二百個，幕末時有二六六個。將寬文四年（一六六四）的藩按領知的高低來看的話，五十萬石以上的藩有六個，而不足五萬石的藩佔據了近六成。此外，根據和將軍家的關係，藩大體可以分為親藩（三家、家門）、譜代、外樣。譜代藩的藩主是德川氏掌握霸權以前就已經是其家臣的，擁有一萬石以上領地的人，以老中為首的幕府要職由他們來擔任。外樣大名是德川氏在統一全國的過程中向其稱臣的大名，可以分為原來是戰國大名的，以及被織田信長、豐臣秀吉提拔的大名。寬永的《武家諸法度》規定了譜代大名也有參勤的義務等，這些措施使得譜代大名逐漸變得像外樣大名一樣。

大名讓家臣集中居住到城下，讓他們擔當番方和役方。除了民政的町奉行、郡奉行以及代官等之外，役方還擔任寺社、勘定、金藏等各種奉行和役人。家老、留守居役以及輪到出勤的番士長住在江戶的宅邸。很多藩都有按身份將家中分成三類的制度，即上級家臣的侍（上士和士分，其上層是騎士）、下級的徒士（下士），以及足輕以下。侍和徒士按照有無謁見藩主的資格來區別，比照幕府來看，侍相當於旗本，徒士就相當於御家人。三種身份之間的區分很嚴格，由侍和徒士組成的武士與足輕以下的人之間的差別，比前者內部的差別要大得多。足輕基本只限於一代，他們很多被當作下人和雜役使喚。他們大部分是被雇用的領內的農民，卸任之後就回到農村。在發達的近世社會，與其說是兵農分離，不如說是士農分離。

地方知行和藏米知行

根據統治方式可以將江戶時代的大名領地劃分為大名直接支配、收取年貢的藏入地和分配給家臣的給地（家臣知行的部分）。家臣有地方知行和藏米知行（俸祿制）兩種支配給地的形式。所謂地方知行是指像戰國時代的小領主一樣，家臣從大名那裡以某村幾百石的形式得到一定的土地和百姓作為俸祿，然後直接支配這部分領地，收取年貢。能有此資格的多為上士以上的家臣，在幕府中也處於上、中級旗本的地位。話雖如此，江戶時代大名的領主權變得強大，家臣的支配權在行政裁判和租稅徵收方面受到限制（大多數時候，年貢佔石高的四成左右），隨着他們集中居住到了城下，比起初期，家臣的支配權被削弱了很多。

與此相對，只是名義上得到給地，由幕府的代官或者藩的官員統一進行支配，將相當於給地年貢的米和錢，從幕府和藩的米倉中分春、夏、冬三季交給家臣，這被稱為「知行取」（藏米知行）。還有一種「切米取」，以沒有給地的旗本、御家人中身份低的人以及藩的中下級武士為對象，採用和「知行取」相同的方式，按照俸祿額支付。除此之外，還有同樣從藩的米倉支付的形式，叫「扶持米」，每個月支付，通常是按每個人一個月的糧食玄米一斗五升來估算，以「幾人扶持」的形式來表現，專門以足輕階層為對象。

江戶初期，二十萬石以上的大藩很多都採取地方知行制，從地域來看多在東北和邊境地區。但是，十七世紀之後，很多藩廢除了地方知行，轉為藏米知行。元祿三年（一六九〇），以外樣和大藩為中心，實行地方知行的藩有三十九個；以譜代和中小藩為中心，實行藏米知行的有二〇四個。由此可見，十七世紀末藏米知行成了知行制的主流。大概可以將中世武士比喻成中小型的獨立自營業者，將近世武士比喻成靠俸祿生活的人。但不能說近世的武士變成了上班族，因為俸祿不是單純的工資，而是靠先祖的奮鬥，特別是戰鬥中建立的功勳所得到的德川氏和大名承諾的作為家業的財產，是世襲的經濟特權（家祿和世祿）。

和武士的城下集中居住一樣，我們不知道向藏米知行的轉換是不是在明確的政策意圖下推行的結果。原因如下。在德川最初的三代將軍以及第五代將軍綱吉的時候，很多大名被改易了。所謂改易，是指將武士以上身份的人除名，沒收其知行、俸祿、房產。除此之外，還有減封、轉封（也稱為國替、移封）、解除職務等措施。其結果是，很多武士失去了知行，並且因為多次轉封，失去了與其原本根據地的聯繫，沒能在新的地方重新建立地方知行。

第三章

武器與戰鬥

一　中世前期的戰鬥

弓馬之藝的實際狀態

前面已經強調，武士的本行技藝是弓馬之藝以及馬上的射藝，但要想再現使用這些技能的具體戰鬥場景是很難的。在這種情況下，下面的事例可以作為一個參考。

「治承・壽永內亂」①剛開始的時候，相模的三浦氏和當時平家一方的畠山重忠等武藏武士在鎌倉由比濱進行了戰鬥（小坪合戰）。延慶本《平家物語》（請參照第 99-100 頁）中描繪了以下場面（該書「第二」末尾）。當時三浦一族的和田義盛對身經百戰的老練武士真光（姓不詳）說，自己雖偶爾打過「盾突戰」，但打「馳組戰」還是頭一回。真光便講道：在「昔日」的戰鬥中人們不會射馬；但從「中間的時代」開始，人們會先瞄準對方坐騎的太腹（腹部隆起並下垂的部分）射箭，讓敵人從馬上落下；而到了「近代」，則一開始就有意並駕齊驅，在馬上廝打（格鬥），人落到兩匹馬之間後，再用長刀和腰刀（佩戴在腰間的沒有護手

① 編按：又稱「源平合戰」。

的短刀）決一勝負。

盾突戰

和田義盛所熟悉的「盾突戰」定型後成為以下形式。戰鬥始於雙方的互射，兩軍在戰場上用盾牌排成牆對峙，根據兵力的多寡，雙方的距離從五—六段（五五—六五米）到一町（一〇九米）不等。兩軍發出三次吶喊，作為開戰的信號，派出騎兵射出鳴鏑，對方也同樣派出騎馬武者回射鳴鏑。所謂鳴鏑是指在尖端安裝了鏑（蕪菁形狀，鏤空，鑿出數個孔）的箭，很多是雁（狩）股（後端分成兩個尖角，內側安裝帶箭頭的矢）形式。在空中飛行時，風會灌進鏑的孔中發出獨特的聲響。

接下來便是越過盾牌相互射箭。這是集體齊射，箭從空中密集地落下，正如「箭如雨下」「萬箭齊發」這些常用表達說的那樣。兩軍出乎意料地接近是因為考慮到弓箭的有效射程吧。不知是否因為這過程平淡無奇，軍記物語等關於這部分的敘述太過簡略，僅有的描述也非常相似。但是，弓戰的優劣有着決定勝負趨勢的重要意義。這時，不僅是步兵拉弓射箭，騎馬武者也會以盾牌防身，騎在靜止的馬上射箭。這也屬於騎射的一部分。

義盛此時雖已三十四歲，但只會盾突而沒有馳組的經驗。所謂「馳組戰」，是指相互騎馬對射的戰法，讓敵人處於弓手方便射箭的左前方，將其射落。這對馬術和箭術兩方面的水平都有較高要求。義盛應該不缺少作為武士的經驗，就連他都如此的話，說明盾突戰應該才是日本戰鬥的一般形式。據《扶桑略記》天慶三年（九四〇）二月八日條記載，平將門戰死的那一天，被射殺的人達一九七人，繳獲的武器有平盾三百枚、弓和胡籙（裝箭和攜帶的容器）一九九組、太刀五十一把。由此可知發生了以大量的盾牌護身、以弓箭為主的戰鬥。

說起來，意為戰爭的古語「イクサ」（ikusa）中的「イク」（iku）詞源和「イクタマ」（ikutama，生魂）中的「イク」是一樣的，是稱讚力量大的詞語。「サ」（sa）和「サチ」（sachi，矢）同義，指箭（《岩波古語辭典》《日本國語大辭典》）。「イクサ」指作為武器的強有力的箭，轉而指稱射箭及射箭之人（兵士、軍隊），還通過「軍立ち」（ikusadachi）等用例，延伸出射箭交戰之意。

馳組戰

盾突戰持續一陣，發現敵人動搖之後，騎馬武者們就會從盾牌之間蜂擁而出。這時，騎馬武者各自都帶着徒步的小集團。剛開始，這些小集團會集中起來，保持某種程度的隊形，隨着時間推移，每個小集團會變得零散，敵我犬牙交錯，變成混戰狀態。馳組戰或許就是指這個階段吧。勝負明了之後，敗者一方則三十六計走為上計。戰敗時勇者也會變成懦夫，所以馳組戰之類是很少見的。儘管如此，可以說是文治五年（一一八九）奧州合戰中唯一一場激戰的阿津賀志山（現福島縣伊達郡國見町）之戰就是一個例子。

在這場戰鬥中，戰敗的奧州藤原氏一方的總大將國衡想要逃走，正準備翻過田埂時，追上來的和田義盛折回來呼喚國衡決一勝負。然後，「國衡報上自己姓名，掉轉馬頭。兩人爭相讓對方處於自己左前方。當國衡搭上十四束箭的時候，義盛放了十三束箭。在國衡還沒拉弓之前，義盛的箭就射穿了國衡盔甲的射向袖（左右成對的袖子，覆蓋在肩膀上，防禦箭和刀劍。射向指的是對射箭一方來說的左袖），命中其手腕。國衡因傷痛而拉開距離退後了」（《吾妻鏡》同年八月十日條）。義盛還打算再次放箭，這時，畠山重忠率大軍殺了過來。逃走的國衡雖然騎着奧州第一駿馬，但因偏離了田埂陷入泥田，即使不停揮鞭也無法讓馬上道。於是重忠的客將大串次郎等人迅速取下了國衡的首級。

箭的一束是除拇指以外四個手指的寬度（7.5 厘米），標準的箭長是十二束，所以，國衡和義盛兩人使用的都是大箭和大弓。相對於義盛的十三束箭，國衡的十四束箭射出時需要更多的力量和時間，於是國衡就先被射穿了射向袖。這個例子是騎馬武者分別在對方的左前方對戰，雖然兩者都騎着馬，但給人的印象是停馬之後或者緩慢移動着戰鬥。關於其意義將在後文詳述。在內亂開始時還沒經歷過馳組戰的義盛，在奧州合戰的時候已經作為練達之士出場了，這一點耐人尋味。

將馬當作目標是「近代」的傾向

關於延慶本中真光所說的話，《源平盛衰記》中相應的記述是「以前沒有射馬的。近年，因為敵人（的盔甲）沒有間隙，就先射馬腹，讓馬的主人翻倒，當他要站起來的時候再『追物射』」（卷二十一）。延慶本中提到，在「中間的時代」人們會將馬當作攻擊目標，而到了「近代」則演變成騎在馬上對打、在地面用太刀砍殺或對打。而這則記錄提到「近年」也有將馬當作攻擊目標的，所以實際上兩者應該是並存的。

「源平內亂」是盔甲的防禦能力急速提升的時期，若不是射中盔甲的間隙或內兜（顏面），就不會造成致命傷。馳組戰中自己和對方都在移動，很難射中目標，所以自然就會瞄準目標較大的馬。我們不知道延慶本所說的「中間的時代」是指甚麼時候，但兩者的「近代」「近年」當然都是指接近「治承・壽永內亂」的時期。因為有效命中的難度高，畫中所描繪的那種馳組戰雖說是「以前」的戰鬥形式，但也不可能那麼常見。更不要說和之前的戰鬥相比，「治承・壽永內亂」時期的參戰兵力增長了一兩位數，技術純熟者已經變得相對較少，當然不會發展到以馳組戰為主，就算有，也只是在某個歷史時期流行將馬當作攻擊目標罷了。

追物射

《源平盛衰記》中所說的「追物射」指的是騎馬者踩着日本特有的舌長鐙（放腳的部分很長很大，呈拖鞋狀），站在馬上，身體前傾，瞄準左前方逃跑的敵人（獵物）放箭的射箭術。狩獵是武士在和平年代磨礪馬術的重要機會，在鎌倉初期，賴朝常常舉辦大規模的狩獵活動。從騎馬前進的敵人背後放箭也是追物射。這種情況下，射箭者和前方敵人的相對速度接近零，比起面對面擦肩而過的情況，此時沒有敵人的進攻，能從容地瞄準敵人，命中率也要高得多。另外，站在馬鐙上的原因是，日本的弓長超過二三〇厘米，從全世界來看也是罕見的長弓，坐在鞍壺（前鞍韉和後鞍韉之間，人跨坐的地方，參照圖三—一）上的話很難操作，並且，膝蓋的反射可以吸收射箭時馬的上下起伏。

日本的本地種馬

在這裡介紹一下他們所騎的日本馬。一九五三年，鎌倉市材木座遺跡中發掘出大量人骨和馬骨，學者判斷這些是在新田義貞攻打鎌倉的戰鬥（一三三三年）中留下的，引起了廣泛關注。獸醫學者林田重幸研究了出土的鎌倉馬的四肢骨，指明這些馬的身高（從馬蹄到

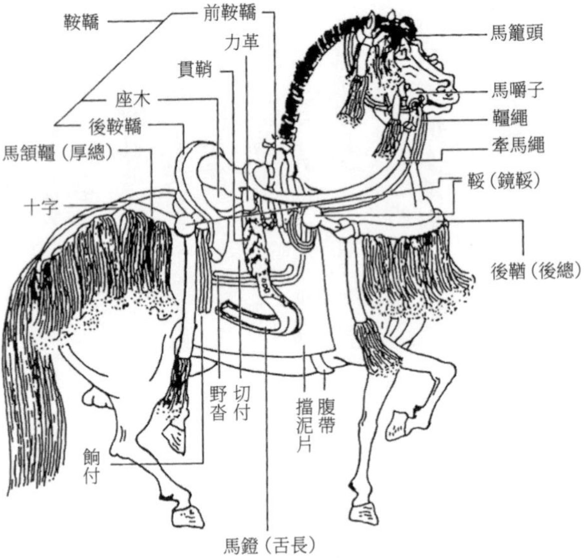

圖三—一・大和鞍（日本化的鞍）的構造（轉載自鈴木敬三編集解說《古典參考資料圖集》，國學院高等學校，1988）

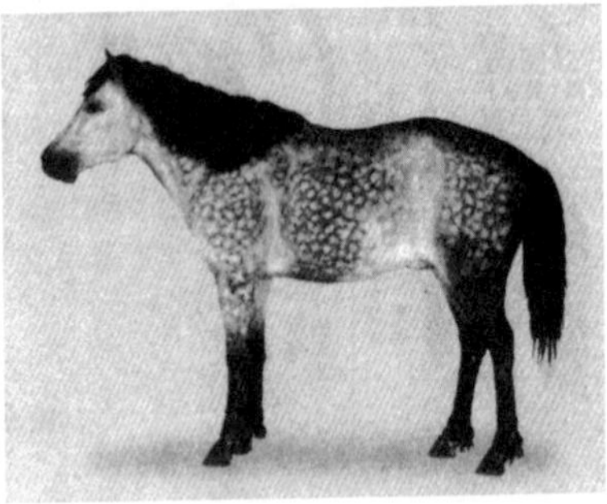

圖三—二・鎌倉時代的本地馬復原模型（連錢葦毛①，現藏於日本馬博物館）

①連錢葦毛是馬的花色名稱，指帶有灰色圓形斑點的皮毛，又稱虎葦毛、星葦毛。

肩部）是一〇九—一四〇厘米，平均身高 129.5 厘米，屬於中等體型的馬。因為材木座的馬已經被推定為軍馬，儘管在當時來說算是較大的馬，但和平均身高一五八厘米的英國純種馬、一五〇厘米的現代日本馬相比，是相當小的（圖三—二）。

馬的負重標準是自身體重的三分之一，超過這個重量，其行走能力就會減少三成。盔甲是很重的。根據對遺物的實際測量，截至鎌倉前期全套盔甲的重量是 22.66 – 32.4 千克。NHK的電視節目《邀請您來到歷史的世界：義經的騎馬軍團》（一九七九年播出）中進行了這樣的實驗：讓身高一百三十厘米、體重三百五十千克的本地馬馱着相當於盔甲、頭盔、馬鞍重量的四十五千克和騎手體重的五十千克，合計九十五千克的東西，馬的速度立刻從驅步（每分鐘三百米）降到了速步（快步小跑，每分鐘一百五十米）。十分鐘後，馬大大地甩了頭，終於進入奔跑狀態。

現在一百四十八厘米以下的馬被歸類為小型馬，所以當時的馬都是小型馬。用看慣了現在賽馬的眼光來看，當時的馬不管怎樣看起來都很寒磣。英國純種馬本來是讓英國的本地品種和阿拉伯馬等東方品種交配，經過一百年以上創造出來的人工馬。戰前陸軍使用的也是現代日本馬，它是將本地品種用西洋品種不斷改良後的產物，所以單純用體型大小來比較的話，本地馬也太可憐了。

沒有被閹割所以粗暴的馬

據說本地馬是粗暴的馬，即所謂的「口強馬」，踢人咬人、脾氣暴躁的馬當時被稱作「頗負盛名的惡馬」。體型較小的馬也能勉強經受苛刻的負重，就是因為其性情粗暴。而烈馬是因為原本性情暴躁，再加上沒有被閹割。

大規模飼養家畜的畜牧民只讓少數優良雄性負責生殖，其餘的則在其四歲時進行閹割，訓練它們用於畜牧、交通、驛傳、狩獵和戰鬥。被閹割後的雄性失去了性衝動和生殖能力，性情溫順。日本列島的畜牧一直不發達。所以，沒有必要成群管理家畜。據說，積極學習中國文化的日本卻沒有效仿宦官制，即閹割人類，是因為沒能理解畜牧文化的想法。

到了明治時期，儘管近代陸軍建立起來了，但軍馬都是雄性，閹割事宜遲遲沒有決定。在一八九四年的日清戰爭①、一九〇〇年的義和團起義（北清事變）時，日本軍也帶了雄性馬到中國去。雖說在義和團起義中出兵的是列強的聯軍，但主力是日本和俄羅斯的軍隊。日軍的精悍似乎得到了高度評價，馬卻是不行的，又踢又咬，還被諷刺說「日本軍用的是長着馬的模樣的猛獸」。

---

① 即甲午中日戰爭。

不管怎麼說，因為不閹割，發情期的時候非常難辦。《別所長治記》中有這樣的記載。天正七年（一五七九），名為淡河定範的武將在攝津丹生山（現兵庫縣神戶市北區）和秀吉軍交戰。淡河心生一計，事先收集了五六十匹雌馬，當秀吉的弟弟秀長率五百餘騎攻過來時，一併放出。於是攻擊一方的馬（雄馬）就追趕雌馬，跳來蹦去地打鬥，淡河一方便趁亂獲得了勝利。

需要牽馬人

馳組戰中，要操縱馬前進或者左右轉彎時，沒辦法騰出拉弓的雙手使用轡繩。要讓馬感知騎馬人的意志時，便用鐙觸碰馬的身體，或敲打、平擊，或者將上身前傾後仰。但是，當時和現在（西洋馬術）的鞍韉（由前鞍韉、後鞍韉、座木組成的鞍的主要部分）和鐙的構造非常不一樣，駕馭馬的方法也不一樣。和西洋鞍比起來，和鞍的鞍壺較寬厚。腿短的日本人很難用膝蓋有效地按壓馬腹。

性情暴烈的悍馬，再加上不能使用轡繩，若是沒有別的人來牽馬，那就甚麼都做不成了。給騎士牽馬的一般有兩個人（運貨的馬的話則是一人），用牽馬繩從左右兩側拉。古代的健兒是從郡司家的年輕人中招募的騎兵，會分配兩名中男（十七—二十歲有納稅義務的男子）作為「馬子」。在實際的戰場上，徒步跟隨的雜色和舍人則充當牽馬人的角色。

配置了牽馬人的話，除了特殊情況，騎馬者不會讓馬全力奔跑。行軍或戰鬥中的移動速度取決於牽馬人、雜色的步調和速度。我們在電影和電視劇中看到騎馬武者集體策馬飛奔的樣子很是勇壯，但當時其實是沒有那種場面的。就連今天這種坐上小個子騎手的大型賽馬，也只能全速飛奔二百—三百米。而且本地馬連馬掌都沒有。據說因為馬蹄很硬，所以沒有必要打馬掌來保護。但是根據日本中央競馬會的測算，賽馬在全力奔跑時，馬蹄要承受相當於其體重八倍的重量。要讓馬蹄負重而不被踏破，就很難讓其長距離奔跑。在馳組戰中雙方應該是用比今日我們想像的要慢得多的動作進行戰鬥。

歐洲中世紀的騎兵也並沒有使用白刃（刀、劍、槍的總稱）突擊。騎着馬的襲擊並不是騎馬飛馳或襲步（用最大速度奔跑），基本上是在馬保持常步（慢步，馬的行走速度中最慢的速度）或者小跑狀態下，騎兵在馬上一邊用弓箭或火繩槍攻擊，一邊靠近敵人。禁止馬上射擊而全面依靠白刃突擊的做法，是在瑞典的查理十二和普魯士的腓特烈大帝之後，即十八世紀以後才產生的。

就中世來說，騎兵白刃突擊的場面只能說是空想的產物。還有說法認為，騎馬的效果不在於其速度上的優勢，而是顯示與徒步士兵在身份上的不同，將徒步行走時負擔過重的武器、馬具、裝飾品等的重量轉嫁給馬。

乘替、雜色、童、旗指

當在戰場上射馬成為理所當然之事後，馬就成了消耗品。就算並非如此，考慮到馬的疲勞，在戰場上也必須常備換用的馬。乘替是騎着主人的備用馬跟隨的隨從，承擔着根據情況把馬交給主人的任務。除此之外也有徒步牽着備用馬的人。南北朝內亂初期，有個叫山內經之的武藏武士，跟隨尊氏一方的高師冬轉戰關東東北部時，給留守在老家的人送去了很多書信。其中有指示說，因為激戰，隨從、馬和馬具都不夠了，讓百姓坐在借來的鞍和馬具上騎馬過來，如果鞍和馬具不夠的話就徒步牽馬過來。

軍記物語中多次出現這樣的場景：主人在地面上使用太刀打鬥或對打，形勢不利快被擊敗的時候，雜色或童趕了過來，從背後殺死了敵人。還有這樣的場面：馬被射殺後，主人翻倒在地，剎那間隨從「從馬上飛下來，抱起主人騎上了馬」，正是「用弓之人應有好的隨從」（《源平盛衰記》卷二十一）。

在馳組戰或追物射的戰鬥中，飛奔過去取下被射倒的敵人首級，是徒步隨從的任務。反過來也有這樣的場面：當主人被射落時，「為了不讓敵人取走首級，牽着備用馬的童飛身下馬，砍下了主人的首級」（《源平盛衰記》卷二十）。雖然不被認為是戰鬥人員，他們卻幫助主人作戰，有時甚至比戰鬥人員還重要。山內經之在另一封信中指示留守老家的人嚴厲處罰那些逃跑回去的「又者」（跟隨出戰的僕人），讓他們再次返回戰場，由此可知很多家臣在戰鬥中逃跑了（《高幡不動胎內文書》），因為這是危險的工作。

除此之外，還有被稱作「旗指」的人。旗代表着軍隊和集團，用於區分敵我或者顯示軍威。旗早在律令時期的軍隊中就出現了，鎌倉時代以後也用作彰顯個人或自家的標識。拿着主人的旗幟跟隨主人的就是旗指。他們雖然是戰鬥人員，但為了保持旗幟在風中不倒，不會攜帶弓箭和箙（中世武士攜帶的用於裝箭的容器）。因為顯眼，他們容易遭受敵人的攻擊，傷亡率極高。

馬是要吃飯的

馬是生物，必須吃東西。對前近代的軍隊來說，確保草料是最重要的事情之一。軍隊的遠征是一邊放馬吃草一邊前進的。義經軍隊在攻打駐紮在一之谷的平家時，前進一百公里花了三晝夜，推算出來的行軍速度是時速四公里。馬填飽肚子大約要一小時。沒有穀物的時候就要吃大量的草，必須在寬廣的範圍內邊吃邊走。因此，大概半天放牧，讓馬吃草，剩下半天行動。所以，在雪大的冬天是不可能進軍的。奈良時代的鎮守將軍大野東人要開闢橫斷奧羽山脈的直路，離開多賀城進入出羽時說道，「賊地雪深，馬芻難得，所以雪消草生，方始發遣」，便撤軍了（《續日本紀》天平九年四月十四日條）。

割草人的工作

當無法放牧或要圈養的時候，人就必須割草來餵馬。截至平安前期的中央馬寮中有割草的仕丁（在官廳等地做雜役的人）一百四十八人。他們四月十一日開始給馬餵青草，十月十一日之後餵乾草。武士也有專門餵馬的隨從和搬草的「草刈馬」。據記錄，攝關時期伊勢平氏維衡的割草人和藤原保昌的餵牛人發生了口角，由此可見，這種隨從和餵牛的人是同樣級別的。在「治承・壽永內亂」時期，平家怒罵背叛的地方武士「昨天還侍奉着平家，給馬割草、打水的傢伙們」（《源平盛衰記》卷三十六），可見他們的身份並不正式。

在即將開戰的戰場上，割草人甚至會到敵人陣營附近割草，還會有這樣的場景：「源平兩方各自讓馬食草和兵糧，這時，平家逮捕了源氏的割草人，源氏逮捕了平家的割草人，相互逼問對方軍事會議的結果。」（同卷二）

正如書中描述的那樣，「連隨從和僕人都帶着釘耙、鐮刀」，在緊急時刻他們拿着割草用的、刀身呈直角的長柄大鐮刀參加戰鬥（同卷三十七），「不管對方是人是馬，刺、戳、砍、割，所到之處如旋風過境」（同卷四十二），戰鬥力非常強。

當然，也能用複合飼料餵馬。很久以前，人們就把粟米、半糠米、蒸過的大豆按一比三比二的比例混合，再加上少量的鹽，餵給馬廄裡的上等馬。戰國大名在遠征時會準備這樣的東西當作馬的飼料，供給軍隊。天正十五年（一五八七），秀吉進攻九州時，被動員的武士在到達九州的軍營之前必須自理兵糧和馬秣，到了之後則可以領取。這是考慮到行軍中的放牧和在戰場上割草會消耗時間，加強對軍隊行動的管理，行軍就變得迅速了。

二　關於刀的種種

在馬上用太刀打鬥

延慶本《平家物語》中記載道，「近代」後武士策馬並行，扭住敵人扯其下馬，之後就是用太刀和腰刀的對決。太刀對決是在站立狀態下的戰鬥；腰刀對決是將對方摁倒，從盔甲的縫隙中用刀刺穿其要害。在中世，實戰中使用的太刀、刀（打刀）、長刀等稱作「打物」（うちもの）（uchimono），用打物進行的戰鬥叫打物戰。太刀和刀的攜帶方式不一樣，太刀是刀刃向下吊着，刀則是刀刃向上插在左腰處。

雖說是太刀戰，但當時的戰鬥是「拔出太刀戰鬥，（中略）因用力擊中了敵人頭盔的缽（覆蓋頭頂的部分），太刀從目貫（裝飾在刀劍柄部側面的金屬物）處啪的一聲折斷了」（《平家物語》卷四），或者「打擊頭盔的缽，太刀相互擦過時發出的火光如閃電一般」（《源平盛衰記》卷二十七）的程度，即猛烈地擊打敵人的盔甲，讓對方暫時失去戰鬥力。典型的做法是使勁擊打頭盔的頂部，導致對方腦震蕩。在打物戰的實戰中使用的太刀，除了從刀尖往下六—九厘米外，不會磨成太尖銳的。這是被稱作「蛤刃」（從側面看呈蛤的形狀）的厚實的大劍（《太平記》卷三十二）。磨得鋒利的薄薄的刀很快就會鋯刃，並不中用。

到了十四世紀的南北朝時代，武士開始在馬上用太刀戰鬥。這時，很難兩手握住刀柄去攻擊對方，大多數時候是用右手單手持刀去砍。劍法也一樣。江戶後期以降，人們開始用防具和竹刀練習攻擊對方的技藝（劍術，請參照第 170 頁之後的內容），在那之前的實戰經驗沒能流傳下來，但日本武者本來是用單手揮刀的。「要馬術」指的是戰場上必須掌握的馬術。據江戶後期的馬術家沼田美備所著的《大坪流軍馬摘要》中〈馬上太刀攻擊之事〉所記載，在馬上拔出太刀時身體必須向馬的右方壓低，不然就會砍到馬的脖子、切斷韁繩。因此，以相傳是足利尊氏的畫像而被人們所知的騎馬武者像為首，中世的繪畫史料中，戰士一開始就把太刀拔出鞘，扛在肩上。

這本書還教授道，用太刀打鬥時，「馬若被砍，即刻便輸」，所以要多加注意，「以迎接敵人太刀的姿勢，不動聲色地閃身而過，讓刀過去之後，再讓馬移動，從後面斬殺敵人，絕不能砍向朝自己迎面而來的敵人」。這是和追物射一樣繞到敵人背後砍殺的戰術。

鎌倉末期以後，之前用來包裹頸部的護頸（從盔兜的兩側垂向後方的東西）變成了「笠狀護頸」，呈扁平地向外突出的笠狀，從肩部遮到背後。到了戰國時代，將腹卷（以前叫胴丸，是比一般盔甲簡便的徒步兵用甲冑）主體的背面接合處的縫隙，用背板（俗稱膽小板）這種小鎧甲遮住，也是為了防止在打物戰中敵人從後面砍過來。《大坪流軍馬摘要》提醒不要讓馬被砍到，反過來說，就是要瞄準對手的馬，用太刀的刀背擊打敵方坐騎的腳或者喉部，趁馬倒下的時候砍過去。

日本刀的出現

和日本畫等一樣，日本的刀劍開始使用日本刀這個名稱也比較晚，是在幕末以後，指的是用日本固有的方法所製作的刀劍。因此，以甚麼形式為標準將刀稱作日本刀，眾說紛紜。但是，一般來說是鎬造（鎬是指刀刃和刀背（棟、峰）之間凸出的平行於刀身的棱線部位。刀刃寬、「鎬地」狹窄的刀劍及其製作方法就叫鎬造）的、刀反優美的彎刀（圖圖三—三）。

古代大刀的刀身是直刀形式的平造（刀

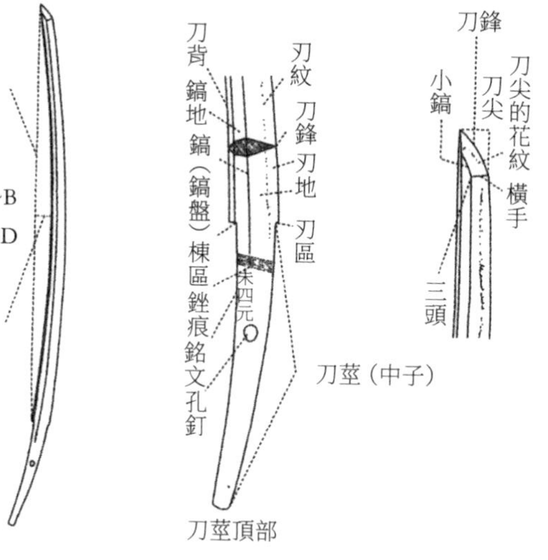

圖三—三・日本刀的各部分

背與刀刃之間沒有鎬，斷面呈V字形的刀劍及其製作方法），或者切刃造（將鎬做成靠近刀刃形式的刀劍及其製作方法），將刀莖（中子）部分插入木質刀柄。後來兩者都被廢棄了，在日本刀出現之前，首先奈良時代到平安時代前期出現了平造的蕨手刀（刀柄頭類似幼蕨捲起來的形狀），然後出現了平造的鑷形刀（柄中央的細溝類似鑷子形狀），其次是平造的帶反柄的鑷形太刀，最後就是帶反柄的鎬造鑷形太刀（圖三—四）。這些刀的刀柄和刀身都是用一整塊鐵鑄造的。蕨手刀常見於東北地區，是由俘虜鐵匠鑄造的蝦夷劍。鑷形太刀是衛府官人的野劍（到野外時攜帶的實戰用的太刀），即所謂的衛府太刀，在院政時期也被稱作「俘虜之劍」（《長秋記》大治四年正月

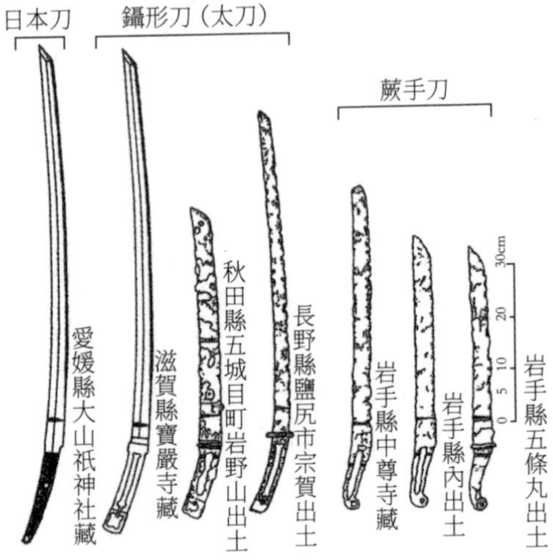

圖三—四・從蕨手刀到日本刀的變化（出土刀的原圖由石井昌國提供）

二十一日條）。俘虜也被稱作「ゑふ」（efu），有職方面研究的專家鈴木敬三推測說，俘虜鐵匠的作品被用作衞府（efu）的太刀，所以俘虜就被稱作「ゑふ」（efu）。

綜合各種資料，鎬造的鑷形長刀是十世紀以後出現的，而初期日本刀成形於十世紀後半葉，刻有代表性名匠的銘文的日本刀出現在十一世紀後半葉之後，在各地廣泛製造則是在十二世紀。鎬造的鑷形太刀是不是直接發展成帶木柄的日本刀，還有待考證。但很難否認，日本刀的出現是以蝦夷乃至俘虜所製造的刀劍作為媒介的。

太刀比不上弓箭

現在有學者主張，能用在馬上斬殺的鑷形太刀的出現代表着中世個人騎馬戰術的出現，這是「戰術革命」。但是，到鎌倉末期為止還沒有中世武士在馬上揮舞太刀（日本刀）的例子，中世騎兵的主要兵器一直都是弓箭。電視和電影裡騎兵的武器基本都是太刀，大概是因為對於演員來說，揮舞太刀要比拉弓射箭更容易發揮演技，而觀看者也容易明白，但那與實際的歷史是兩回事。

理所當然，除了近身戰之外，太刀是比不上弓箭的。芥川龍之介的《竹林中》取材於《今昔物語》第二十九卷第二十三：帶着妻子前往丹波的男子被一同路的男子誘騙，用自己粗製濫造的弓箭交換了男子精美的太刀，結果，在山城、丹波交界之處的竹林中被對方用弓箭威脅，被綁在了樹上，妻子被強暴，馬和太刀也被奪走了，實在窩囊。故事結尾的評語說道：「在山中將弓箭交給毫不相識的男子，實在愚蠢。」

《今昔物語》第二十三卷第十五講述的是第一章出場過的橘則光的故事。他年輕的時候為了偷偷去見女人，沿着大內裡東面的大宮大路往南走時，遇到了一群夜間盜賊。則光雖不是「兵之家」出身，但膽識和判斷力過人，力氣也大。他覺察到危險後逃跑，和盜賊們展開了殊死搏鬥。則光依次用太刀殺死緊追不捨的三人。遭遇盜賊的則光在觀察了對方的樣子之後，「不見弓的影子，看到的是閃爍的刀光」，所以認為他們「沒有帶弓」，便安心了。弓箭和太刀作為武器的威力是完全不一樣的。

在以前東映①的古裝電影中我們會看到，主角大顯身手，眾人畏畏縮縮，於是敵人的頭目（基本上是邪惡的家老或者無良商人）就會拿出最後的撒手鐧——弓箭或者火繩槍。這時主角就會大叫：「用遠程武器是卑鄙的！」但是在這個時代，沒有人會發出這樣的抱怨。

① 東京映畫株式會社，成立於一九四九年，是日本五大電影公司之一。

日本刀的神話

刀劍的製作需要高度發達的技術。加上對其尖銳形狀的畏懼之心和讚美之情，自古以來，刀劍在世界各地都被當作神秘力量的象徵。在此基礎上，日本的刀還帶有美術鑒賞的價值。我們現在在美術館、博物館等看到的刀甚至可以說美得奇異，是因為工匠把其表面燒得青黑後，將燒過的刀刃部分磨出白色，再磨刀背和鎬地讓其展現出比表面更黑的光澤，再以被稱作「ナルメ」(narume) 的工序研磨刀尖。在和平的江戶時代，人們開始重視刀的鋒利程度，於是研磨的方式產生了變化。再到明治時期，著名的本阿彌成重登場了。他在之前傳統工藝的基礎上加上美感，於是我們今天所見的藝術性的刀劍研磨技術便得以確立。

近年出現了刀劍熱潮，據說刀劍特別受年輕女性的歡迎，這類女性被稱為「日本刀女子」「刀女子」，但我們不能只關注刀劍的美麗外形。誰都無法否定，刀劍本來的用途在於對人的殺傷力。無視刀劍的實用性而談論日本刀是本末倒置。

如果缺乏實用和功能上的視角，各種各樣的錯誤觀點就會橫行，比如認為日本刀是世界上最為鋒利的刀，刀身彎曲是為了方便騎在馬上向下揮刀，等等。但是，據說刀反本來意在與鎬造組合在一起，提高攻擊力。在鑄造過程中，先敲打出日本刀的形狀，即刀身具有一定曲度；在加熱、放入水槽急速冷卻後，薄的刀刃和厚的刀背因為冷卻速度不同，膨脹和收縮的程度也不一樣，於是最終形成明顯的曲度。

如果在戰場上使用日本刀

對於世界上最鋒利的刀之類的說法，現在無法用人體去做實驗來印證。但是，在戰前的日軍中，軍刀是軍備的一種，軍官以及一部分下士官將其配在腰間。那些基本都是被稱作「昭和刀」的、大量生產出來的產品，其中還有將家傳的日本刀做成軍刀的。關於後者的特性和威力，成瀨關次在日中戰爭①中寫成的《戰鬥的日本刀》（《戦ふ日本刀》實業之日本社，一九四〇年）最有說服力。他作為軍屬從軍，有修理、保養約二千把刀的經驗，此書便是其經驗的總結。

他說，「有趣的是，根據兵種、戰鬥的難易程度、地形等因素的不同，刀的損傷可以按類歸納出共同點。比如，經歷了不折不扣的血戰之後的部隊的刀，拿在手中一看，就跟蓋印章似的，損傷的地方有四個共同點：刀柄繩的磨損；護手鬆動，孔釘處折斷；刀尖多向左彎曲；刀身前端的刀刃有損壞」。他還說，「實際打起仗來，不需要所謂的名刀。只要這

① 即抗日戰爭。

刀夠倔，刀刃夠硬就行」。

對此稍做解釋便是，日本刀追求的是鋒利和耐用、剛硬和柔韌這樣的矛盾特性。所以，刀的內部用含碳量低的、柔軟的芯鐵，刀刃部分則用含碳量高的、非常硬的鋼，再用處於芯鐵和刃鐵中間硬度的皮鐵將兩者包起來。雖然這樣打造的刀容易彎曲，但如果將皮鐵弄得過硬，刀就容易斷掉。彎曲總比折斷好。拿衞府太刀為例，在「治承・壽永內亂」的導火索以仁王之亂時，面對為逮捕以仁王蜂擁而至的檢非違使，長谷部信連拔出特製的太刀奮戰，「太刀彎了的話，馬上把它掰直、踩直」（《平家物語》卷四）。

日本刀容易彎曲是因為它的刀身呈和緩的曲度，揮刀而下時，與其說是斬不如說是拍打。到了十七世紀中葉之後的和平年代，人們開始厭惡戰國時代以前又長又重、豪氣粗壯的刀，開始鑄造細長而優雅的刀。並且，將古刀從刀莖的一側往上打磨，縮短其尺寸，讓其變纖細。若是相信「日本刀的神話」，以為它連鐵都能砍斷的話，實際揮刀而下它就會馬上彎掉。日本刀的柄，是按照刀莖的形狀挖了兩塊板，將其夾起來，用精白米熬的糊黏起來，用金屬將兩端固定，再開孔。接下來，用線或者繩子牢牢地將其纏起來，這樣可以加固刀柄，讓其不易折斷，並改善握柄時的手感。但是僅僅這樣的話，刀柄的強度是不夠的，所以竹質的孔釘處會折斷，護手部分也會鬆動。

從馬上的砍殺到地面上的砍殺

在十四世紀，在馬上的弓箭術變成了在馬上的太刀戰。這時刀長超過九十厘米的大太刀出現了，它能夠直接觸碰到敵人頭盔。於是，此前總體較小的、要費盡力氣才能戴到頭上的頭盔盔兜變大了，並且盔兜和襯裡之間被加入了苔草和燈心草混合的緩衝材料。到了室町時代，為了增加緩衝效果，襯裡和盔兜分隔開來（浮張），這是為了減小被擊中時的衝擊。

但是，騎在馬上單手揮舞沉重的大太刀，對於馬和馬上的武士來說都非常危險。騎在馬上和敵人離得太遠戰鬥的話，揮舞太刀時難以保持身體的架勢，而且馬也會被敵我的刀刃傷到。所以，當騎在馬上的太刀戰變得流行之後，又開始轉變為下馬砍殺。關於這點，向歐洲介紹了日本戰國時代情況的天主教傳教士路易斯・弗洛伊斯（Luis Frois）提供了證言：「我們（歐洲人）是騎馬作戰，而日本人到不得不戰之時，就會下馬。」（《日歐文化比較》第七章）。我們在明德之亂（一三九一年）之後成書的《明德記》中也可以看到，騎馬武者向敵人「衝過去，飛身下馬，站到地面」，「右手握着鮮血染到護手處的太刀」「砍了過來」。

前面說到，在中世是不可能有騎兵衝鋒的。蒙古的「騎馬軍團」也常常下馬戰鬥，而在日本戰國時代的合戰中，至少在初戰階段，兩軍下馬作戰是當時的常識。「長篠合戰」中，武田軍的各個部隊「以大將為首的七八名主要人員騎馬，剩下的人將馬留在後方，下到地面揮舞長槍」（《甲陽軍鑑》卷六）。此外，典型的三河武士大久保彥左衛門忠教也規誡道：在大坂夏之陣時，騎馬追擊敗逃的敵人是「從一開始就亂了陣腳的敵人」，因此「合戰時，我們把敵人都趕下馬來，將馬驅趕到比後備（在後方待命的軍隊）更遠的地方」，要是覺得武士無論何時都騎在馬上的話，就太荒唐了（《三河物語》下卷）。騎馬衝鋒只限於勝敗已定之時，用來追擊亂了陣腳的逃跑的敵人。這則材料十分重要。《大坪流軍馬摘要》中也提到，「有說法認為，用太刀對決也分情況，有時下馬來戰會更加有利」。不可否認，這本書在某種程度上反映了室町、戰國時代的實戰體驗。

大部分受的是箭傷

在太刀戰變得普遍的中世後期，「從軍忠狀」（向主將彙報自己的軍功以得到承認，待日後留作論功行賞的證據的文書）來看，戰傷中箭傷的數量是壓倒性的。淡穆・康蘭（Thomas Conlan）網羅了南北朝時代的合戰、傷情報告（「手負注文」，列舉負傷情況彙報給主將的文書。自己和麾下受的傷都會變成戰功），以進行戰傷研究。據其研究，在七百二十一例中，箭傷有五百二十三例，佔比約 73%。而矢田俊文對戰國時代進攻備後志川瀧山城（現廣島縣福山市）的傷情報告進行了研究，二百二十七例中箭傷有一百二十六例，佔比約56%。而使用太刀、長刀、槍等進行的近身戰中負傷例子要少很多。康蘭所給的數據是佔總體的約27%，矢田的研究也表明刀傷和槍傷合起來才佔23%。

上述數字背後可能有這樣的情況：箭傷致死率低，所以被算作「受傷」；而用太刀等的近身戰帶來的多為致命傷，軍忠狀中一併被概括為戰死，所以其原因沒有被記錄下來。從更根本的原因來看，近身戰並沒有我們想像的那麼多，就算在南北朝時代，除了激戰不斷的元弘、建武年間（一三三一—一三三八），戰鬥還是以弓箭戰為主。在本章的開頭，筆者認為盾突戰一開始的弓箭戰才是決定勝敗的關鍵，就是基於這個判斷。在「治承・壽永內亂」中也有一名貴族向後白河法皇彙報道：「東國武士連人夫都攜帶着弓箭，所以平家是根本比不上的。」（《愚管抄》卷五）本來不是戰鬥人員的人夫都被要求帶上弓箭，射出了讓人想像不到的大量的箭，控制了戰場，這就是賴朝一方取得勝利的原因之一。

既然弓箭戰如此基礎，那麼為甚麼打物戰或扭打拚殺等近身戰還是佔據了無法忽視的比重呢？對於這個疑問，鈴木真哉的見解非常有啟發性：對於武士來說，最明顯能展示其戰功的便是取下敵人的首級。鈴木指出，日本的戰鬥基本是以弓箭（後來演變成火繩槍）為中心的遠距離戰鬥，而之所以人們都抱有以白刃戰為主的印象，是因為為了取下敵人首級，武士們就算不情願也要和敵人接觸，給因遠程武器而負傷的敵人致命一擊的是槍等鍛造武器，取其首級則必須用刀。這種情況下主要使用的是像肋差那樣的短刀。

三 鑓、火繩槍、城池——以戰國的合戰為出發點

手鑓和長柄鑓

「やり」(yari) 在日文中一般寫作「槍」「鎗」。日本中世以後的莖式「やり」寫作日本獨有的漢字「鑓」。穗袋(刀身有孔，用來插入刀柄)式的則被叫作「矛」，以作區別。在古代，被記作「槍」的就是矛，使用時握着柄的中央，單手刺出；而「鑓」是右手握住柄的尾部接近石突(着地的部分)的部分，從左手的掌上滑過刺出去，再收回來。隨着鎌倉末期的徒步作戰和使用鍛造武器的普及，鑓和矛也開始被使用，到了室町末期就廣泛地普及到每個階層了。

柄長一間半(約 2.7 米)的叫手鑓，兩間以上的叫長柄。手鑓也叫持鑓，取代了弓箭，成為非常適合武士騎在馬上使用的武器。長柄也叫數鑓，是徒步的士兵和足輕的武器。天文二十二年(一五五三)，信長和其岳父齋藤道三在尾張的富田聖德寺會面。據《信長公記》記載，會見時信長讓隨從們帶了約五百支「三間間中的朱鑓」、五百張弓箭及火繩槍。「三間間中的朱鑓」指的是槍柄為紅色、長三間半的鑓。三間半，即約 6.4 米的長度是前所未

有的。

如果鑓只是用來刺和揮掃的話，一間半的長度比較好掌握，太長的話就會很重。根據柄的材料不同，鑓還會彎曲，尖端會搖晃，很難用長鑓正確刺中離得較遠的目標。要是刺空了，自己撲到敵人跟前那就完了。所以，要有效地使用這種長鑓，基本的做法是：統一鑓的長度，集體把槍尖並排着刺出去，防止敵人的突擊，或者「齊心協力，將槍尖並齊，一起從上往下將敵人拍倒」（《雑兵物語》上），或斜着橫掃。當時的記錄中零零散散會出現「相互拍擊」的記述。這樣的戰術是少不了集體訓練的。

火繩槍的登場

據說，天文十二年（一五四三），火繩槍（鉄炮）是由漂流到九州種子島的葡萄牙人帶來的。這是《鐵炮記》的記載，但該書是火繩槍傳來六十年後的作品，不可盡信。天文二十年前後，中央的有權有勢之人從泉州堺（現大阪府堺市）入手了火繩槍，而在南九州也有火繩槍傳播的跡象，所以只把種子島當作火繩槍傳來的窗口是說不通的。雖說是西洋人將其傳到日本的，但實際上當時活動在東亞海域的中國海寇作用很大。火繩槍之所以在日本各地得到普及，是因為愛好火繩槍的第十二代將軍足利義晴將其作為禮品送給大名們，並且職業炮術師在各地遊走，到處教授使用火繩槍的技術。有完全傾向於軍事的說法認為，因為火繩槍的傳入，戰術和城池構造一下子就改變了。但是初期的炮術秘訣書籍裡記載了非常多射擊鳥獸的方法，這顯示了火繩槍傳來後首先是作為狩獵工具普及開來的。

永祿十年（一五六七），毛利元就教誨家臣道：「特別是最近出現了叫『鐵炮』甚麼的武器，世上（戰場）到處是不慮之事（槍傷），所以大家一定不能掉以輕心，見到別人也要如此叮囑。」（《毛利家文書》五四八號）不單單是毛利氏的記載，關於戰國大名的合戰和軍役關係的史料中也出現火繩槍這一術語，是在進入永祿年間（一五五八—一五七〇）以後。火繩槍被用在軍事上並不像人們所說的那麼快。堺是著名的火繩槍生產地，除此之外，還有近江的國友（現滋賀縣長濱市）。一五五五年至一五六〇年間，國友有鍛造火繩槍的鐵匠，他們製作了作為禮品的上等火繩槍。天正年間（一五七三—一五九三），大量火繩槍被投入戰鬥。國友的鐵匠也變得活躍起來，還到別的領國去掙錢，不少鐵匠就被該國的大名雇用了。

火繩槍在戰鬥中體現出效果之後，各國大名就以直轄地的收入作為財源，努力組編機動力強的「鐵炮眾」。隨着火繩槍的常備化，炮術師就被安排到大名家臣的手下負責嚴格的實戰性訓練。紀州根來、雜賀（現和歌山岩出市、和歌山市）所謂的僧兵和鄉村武士裝備了大量的火繩槍，並作為雇傭兵轉戰畿內各國。在豐臣秀吉出兵朝鮮時，火繩槍作為主力兵器發揮了威力；在大坂之陣時，火繩槍的技術達到了巔峰。

長篠合戰的實際情況

比起火繩槍，弓箭在命中率、殺傷力、射程等諸多方面都存在劣勢。但是，在火繩槍普及之後，弓箭還是作為足輕的主要武器被一直使用着。弓箭不需要火藥和子彈那樣昂貴且難以籌集的消耗品，也能在雨中使用，能快速地持續發射，也不需要花費時間和金錢去進行操作上的訓練。出於這些理由，弓箭能彌補火繩槍的弱點。

早些時候的歷史書中會寫，織田信長很早就關注到火繩槍，在軍事上將火繩槍戰鬥體系化，在天正三年（一五七五）的「長篠合戰」中，信長將三千支火繩槍平均分成三組，讓每組輪流進行齊射，給無敵的武田騎兵隊造成了毀滅性的打擊。但是這種一般說法現在已經被否定了。

如前所述，當時不存在只由騎兵編成的騎兵隊，武田軍也是。每一位家臣根據自己的知行量（貫高）率領指定數量的騎馬武者和徒步士兵參戰，在指定的侍大將手下行動。他們就是援助強大武將（寄親）的寄子（寄騎，即與力）。比如，長篠合戰後的第二年，從知行地能收取一百三十四貫三百文年貢的初鹿野傳右衛門昌久，要負擔的軍役是分別拿一支火繩槍、一張弓、五支持鑓、一桿小旗的八個人，加上他本人便是九人。騎馬的初鹿野氏親自率領小團體一起行動，而不是單獨出來作為騎兵集體生活、進行團隊訓練。

織田軍一方也是，如果一千支火繩槍整整齊齊地開火並且三組輪替，就會浪費很多彈藥，從火藥管理的角度來看是危險的，而每個槍手的技術熟練程度也不一樣，所以事實上是不可能的。說到底，騎兵軍團在整條戰線上同時一起突擊的這件事情本來就不可能，也沒有必要（圖三—五）。《信長公記》的作者（太田牛一）親筆寫的版本是「千餘支」，池田家文庫本則是在「千餘支」前加上「三」字，被當作最初的版本流傳開了。「三千支火繩槍」的說法應該是這樣來的。

從中世的城到近世的城

到了戰國時代的十五世紀中葉以後，人們開始大量在山上建造用作防衛的小城，這些小城和山下的宅邸化為一體。隨着軍事緊張氣氛加劇，很多士兵需要長時間固守山城。小城得到擴張，增加了居住的功

圖三—五・「長篠合戰」的現場（作者拍攝）。中央的小河是連吾川，左手邊的丘陵是織田軍的陣地。《甲陽軍鑒》中記載，「長篠合戰的戰場並非十四匹馬可以並排奔跑的寬敞地方」。

能。戰國大名的本城中，如果山麓的宅邸是別邸的話，那麼山上的城郭（曲輪）就是正宅。當大名的權力變得強大之後，國人領主的本城就變成了大名的分支城池。此外，如果在統治領國和軍事上有需要的話，大名還會根據目的新建各種分支城池。這些動向讓築城技術得到了飛躍性的發展。

後來，大名的居城不單單是作為軍事據點，其作為政治、經濟中心的作用也開始受到重視。所以，就有必要建設實現家臣集中居住，以及作為其經濟支撐的城下町。以前的山城在地形和交通方面都有不適合、不方便之處，所以就轉移到了平原或者平原中的小山上。早期的例子就是織田信長的安土城。信長住在山頂的天守（到了秀吉的大坂城階段，天守只是為了炫耀權威，大名們都住到了本丸御殿裡），從正門到天守、本丸之間的石階大道（正門的道路）兩側有很多石頭壘砌的院式建築（郭），信長讓家臣們住在那裡。建在平原的近世城池備有火繩槍等以強化防禦能力。其中心是護城河和石牆。護城河又寬又深，靠城池的一側有石牆。

信長的繼承人秀吉於天正十一年（一五八三）利用大坂石山本願寺的舊城，開始了大規模築城。築城分為第一期（本丸）、第二期（二之丸），之後中斷了六年，第三期是從文祿三年（一五九四）起，第四期則始於他臨死前，到慶長五年（一六〇〇）為止。安土城是近世城下町的先驅，而大坂城的規模更大。第三期還挖掘了圍繞城下的被稱為總溝的壕溝，在城南的上町台地集中安置了各位大名的宅邸，配置了寺院，在水運方便的西邊的窪地建造商人和手工業者居住的町。從城池的防禦和町的經濟發展的角度來看，有規劃地佈置了武家地區、寺院地區、工商地區的大坂城是近世城下町的典範。

從倭城到大坂城陷落

秀吉出兵朝鮮前，在肥前的東松浦半島的北端（現佐賀縣唐津市鎮西町）建了名護屋城（一五九一年）作為進攻基地。當朝鮮戰局不容樂觀時，將戰爭的目的調整為割佔朝鮮南半四道，在以釜山為中心的朝鮮半島南海岸和島嶼地區建造了約三十座城。秀吉想通過這些城確保佔領地區和供給路線的安全。築城的任務分配給了出兵朝鮮的各位大名，用了兩三個月的突擊工程完成。這些基本是日本式的城郭。將碼頭和背後山頂的主城郭用兩面以上的巨大的長城牆（登石垣）連接起來，把內部的居住區域和用作堆集物資的土地圍起來。這些被稱作倭城，極大地促進了日本此後的築城技術的發展。

慶長五年（一六〇〇），在關原之戰中獲勝，成為天下人的德川家康對各大名進行了轉封。於是各大名開始重新建造正式的居城。家康進入江戶城是在天正十八年（一五九〇）的小田原之戰後，慶長八年開創幕府後，第二年開始擴建江戶城，慶長十一年開始進行大規模的改建，江戶城轉型為近世城郭。在那之後，經過數次工程，江戶城逐漸具備了符合幕府大本營地位的威嚴。和築造大坂城時一樣，家康採取讓各大名分擔完成工程項目（天下普請）的方式。於是，以修建城牆為代表的築城技術在全國得到了普及。

家康從慶長十九年開始進攻大坂城，次年滅亡了豐臣氏。攻克大坂城的戰鬥成為大坂之陣的核心部分，這是檢驗近世城郭在實戰中到底具備多少防禦能力的機會。德川軍在冬之陣時對大坂城久攻不下，在夏之陣時，因為採用了政治策略，填平了總溝以及二之丸、三之丸的壕溝，迫使大坂一方不得不在城外作戰，損失兵力，無力守城，最終打敗了對方。

秀忠時代的元和六年（一六二〇），德川家為了將豐臣氏的印跡從世上全部抹去，在本丸部分堆起九米以上的土堆，再在其上花了十多年時間建了新的大坂城。這就是現在的大坂城。「壕溝之深，石牆之高」都是秀吉「舊城的兩倍」（《藤家忠勤録》），天守也要大得多，地點也和之前不一樣了，完全是一座新的城郭。

中世和近世的軍役的不同

戰國大名的軍役以貫高為基準，與此相對，近世大名的軍役是根據石高來徵課的。看上去兩者似乎是一樣的，但對於戰國大名來說，他們要承擔的軍役只有出陣的戰鬥人員及其攜帶的武器，而近世的軍役除此之外還包含將出征隊伍裝飾得華麗威嚴的道具和搬送兵糧的人員。

慶安二年（一六四九），在身為旗本的軍學者北條氏長（請參照第193頁）奉第三代將軍家光之命起草的軍役規定的草案（實際上並沒有發佈）裡，以九百石的旗本為例，他要承擔的軍役總共為十九人，具體包括：「侍（實際上是若黨，指沒有騎馬資格的奉公人，會參加戰鬥）五人，甲冑持二人，立弓持一人，帶火繩槍的一人，帶鑓的二人，提草鞋的一人，牽馬的二人，沓箱持一人，挾箱持二人，小荷馱二人。」（《德川禁令考》前聚第一秩）提草鞋以後的人是不帶武器的。甲冑持是搬運主人盔甲的人。挾箱中放的是外出時必備的日常裝飾、替換衣物，讓隨從用棒子擔着。小荷馱是負責管理運送兵糧、彈藥、營建道具等物，被當作馱馬的人。他們都各自專門承擔相應的工作。

在身份制社會中，需要有人照顧主人的起居，彰顯其作為主人的身份，誇耀其武威。雖然在中世也存在這樣的非戰鬥人員，但他們並不是動員一方的負擔，而是在被動員一方自己負擔成本的前提下奔赴戰場。如此一來，如「因糧於敵」（《孫子》作戰篇）所說，負擔被轉嫁到了遠征目的地，對當地村莊的掠奪就變成了常態。而在和平的近世社會，這是不被允許的。於是，動員一方必須負責出戰過程中的兵糧，並且事先把握總人數。但一直雇傭這麼多人的負擔是很沉重的。所以，輜重隊作為一種「役」被分配給了被徵調的百姓。並且，雖然幕府沒有明文規定，出戰時必不可少的木匠、鐵匠等手工藝人也根據其身份被動員了。

在有關戰國時代戰鬥的書籍中，常常有二萬或者五千人兵力的軍隊出場。人們常認為這些全是戰鬥人員，但根據前面所述的背景，實際參加戰鬥的只不過佔總人數的三分之一罷了。作為軍事組織，其效率是非常低的。

戰鬥的死傷人數

在參戰兵力中，不單單是戰鬥人員的比例低。時代越往前，戰國大名的大小家臣就越接近於被組織起來的同盟者。他們靠自己的力量統治領地和民眾，用第二章中的比喻來說，是「中小型的獨立自營業者」。他們參戰的動機也是在戰場上立下戰功、獲得利益。所以，他們不會聽從大名的強迫性、危險性命令，戰況變得不利之時，他們會輕易地離開戰場。對這些必須自己組織兵力的領主來說，像家子和下人一般世代跟隨「家」的隨從是寶貴的財產，不能讓他們輕易送死。當隨從們身心受到了一生難以治癒的傷害時，領主必須對他們剩下的人生負責，給他們一定的照顧。若不是這樣，誰會聽從主人的命令呢？

在這種背景下，造成大量死傷者的武力衝突只是偶爾發生。永祿四年（一五六一）的川中島合戰是有名的激戰，有的書記載一萬三千人的上杉軍有三千四百人死亡、六千人負傷，二萬人的武田軍有四千五百人死亡、一萬三千人負傷。這是絕對不可能的。本來上述參戰兵力的數量就過於誇張，死傷者也應該只是這些數字的十分之一以下。以日本陸軍為例，軍隊在出現 30% 的傷亡時就會暫時失去戰鬥力，出現 50% 的傷亡時就是受到了毀滅性的打擊。按照這個標準的話，上杉、武田兩軍早就崩潰了。

連被伴隨着暴力、沒有人性的軍紀束縛的日本陸軍，在出現大量死傷之後，士兵們都因恐懼和慌亂而無法作戰。對那些沒有強有力的統制力，以及讓人們甘願受死的「崇高的」戰爭目的的軍隊來說，是不可能出現這種離譜的傷亡率的。

四　實戰的體驗與和平年代的武士

加藤清正的初戰體驗

武和戰鬥事關性命。說實話，誰都珍惜自己的性命。武士出於自己的立場，很少留下親口說戰鬥是可怕的證言。加藤清正給人的印象是秀吉一手培養的猛將。其實，在出兵朝鮮之前，能顯示他在戰場上大顯身手的確鑿事例只有「賤岳合戰」。這是秀吉和柴田勝家為了爭奪信長繼承人地位的爭鬥，天正十一年（一五八三）發生在近江和越前國界附近。清正和福島正則等人一起作為「七本槍」中的一員立下戰功。他將這次經歷講述給了子孫。

「我跟隨秀吉公，第一次擔任頭桿槍①便是賤岳合戰。爬上山坡後，那邊便是敵人。和他們相遇後，戰鬥就開始了。那時我想的是，敵人所在的方向如『黑夜一般』，甚麼都看不見。於是『讓眼睛睡去』（閉上眼睛），口中念佛，飛身沒入黑暗，刺出槍後感覺命中了，發現敵人已被刺死。之後才終於分得清敵我。」（《甲子夜話》卷一）與其說清正當時害怕，還

① 合戰中，首位與敵軍對戰的人。

不如說他很投入。這是他的大實話。

飯田覺兵衛如是說

再說一個關於清正的逸話。二〇一六年四月十六日的熊本地震中，熊本城石牆大規模倒塌，建築物的地板露了出來，有處被一根細長的牆角石支撐起的飯田丸（眺望樓），就是以飯田覺兵衛（直景）這個人物命名的。他和清正是總角之交，與森本儀太夫、莊林隼人並稱為加藤家三傑。他武勇過人，據說其槍術無人能及，是位高手。

這位覺兵衛說道：「自己這一輩子都被主計頭（清正）騙了。剛開始去打仗、建立功名的時候，很多同伴都被火繩槍打死了。太危險了。我覺得已經不能再做武士了，正想離開的時候，清正過來對我說，今天的表現太出色了，無與倫比。說着就遞給我一把刀。就這樣，每次離開戰場時都會後悔，但主計頭立刻給我陣羽織和感狀（因戰功得到主君封賞的文書），大家也都羨慕地誇讚我。我經不住誘惑，不得不指揮作戰，成了侍大將。我被主計頭欺騙得失去了本來的意志。」（《常山紀談》卷十八）

他在清正死後侍奉其子忠廣，在加藤家被改封之後侍奉黑田長政。雖不知道他上面的話是不是真的，但毫無疑問，後世的人都認為確實如他所說。有種觀點認為，秀吉期待清正發揮的，與其說是其戰鬥能力，不如說是其作為善於處理事務的官吏在財政和行政上的手腕。如此說來，也就不難理解清正巧妙對待覺兵衞的方式了。

文治主義及其結果

「元和偃武」指的是，元和元年（一六一五），豐臣家滅亡，漫長的戰國動亂終於結束，日本國迎來了和平的狀態。「偃武」的意思是藏起武器不再使用。從第四代將軍家綱的時候起，幕藩政治從所謂的「武斷政治」轉向了「文治政治」。「文治政治」就是企圖通過整備法令和制度、尊重禮儀、重視人民教化等方式來維持幕府的支配和身份制秩序的政治。

到了繼承家綱的第五代將軍綱吉的時代，幕藩體制的基礎也鞏固了。綱吉於天和三年（一六八三）發佈了即位之初的《武家諸法度》，第一條是將之前的「文武弓馬之道，專可相嗜事」改成「勵文武忠孝，可正禮儀事」。綱吉要將戰國時代以來意圖通過戰功晉升的武士的邏輯和價值觀，從整個社會上抹去。於是他發佈了不單是保護狗而是全盤禁止殺生的生靈憐憫令（一六八七年到一七〇八年期間反覆發佈），與其互為表裡的是忌諱死亡和血污的服忌令（一六八四年發佈，之後還發佈了好幾次追加補充的條令）。在以戰場上取下的敵人大將的首級論功行賞的武家社會，服忌令本來是不存在的。

武的衰退

在和平年代和文治政治之下，重視武和戰功的意識不可避免地逐漸淡薄。早在江戶前期就流行「切筋骨」的不良做法，即將馬的特定肌腱割斷，這樣馬在前進時就會將腳抬高，外觀好看。雖然馬的奔跑能力下降，但不善於騎馬的武士也能駕馭。之所以要用「切筋骨」的方式讓馬變得溫順，是因為如前所述，馬並未被閹割，性情暴躁，難以駕馭。後來到了天和年間（一六八一—一六八四），幕府下令禁止了這種做法。

第八代將軍吉宗在他當紀州藩主的時候就率先鼓勵習武，當了將軍之後便更加獎勵了。享保四年（一七一九），吉宗看了書院番、小姓組警衛武士的馬術，認為他們的騎法還不成熟、很危險，不像有經常和馬打交道的經驗。他認為之前發佈的練習箭術、馬術的命令沒有被認真對待，便對兩個番的番頭下令，讓他們手下的警衛武士今後練習馬術。

享保十年和十一年的時候，在下總小金原（現千葉縣松戶市）舉行了大規模的獵鹿活動。在兩個番的基礎上加上大番，吉宗讓這三個番的武士負責勢子（負責轟出鳥獸的人夫）之役。當時，將軍的近身侍者和警衛武士中很多人連草鞋的穿法都不知道，撩衣服下擺的做法也不熟練，在野地荒原跑起來的樣子就跟婦女兒童一樣，弱不禁風。據說在小金原的大圍獵中，還有人害怕得跟妻子對酌告別。有見解認為，吉宗對五個番的旗本進行了獎勵，這是朝着武斷復古政治的逆行。但這種觀點曲解了吉宗強化旗本的真意，文治的傾向反而在享保改革之後得到了進一步的推進。

雖然之後幕府不時獎勵武藝高超者，但不會騎馬的武士越來越多。在滑稽小說《古朽木》（一七八〇年刊行）中有以下故事：現在年輕強壯的侍認為沒有甚麼能比馬更危險的了，而且騎馬的樣子也難看，所以出門均乘坐權門駕籠。因此，所謂的馬術高超，就是出去辦事時不至於從馬上跌落而已。權門駕籠指的是大名的家臣前往別人家為主人辦事時向主人借用的轎子。作者的本名叫平澤常富，是秋田藩的江戶宅邸的留守人、堂堂正正的上級武士。如果平澤沒有誇張的話，武士的騎馬特權在近世中期已經變得徒有其名了。

竹刀劍術是運動項目

當和平時代一直持續，進入文治政治後，武士社會的身份秩序就會固定下來，武不再是出人頭地的手段了。江戶前期興盛的京都三十三間堂的通矢（從堂西側的南端射到北端的競技），特別是比賽一晝夜射中靶心的箭數的「大矢數」，十八世紀之後基本不再進行了。十七世紀後半葉，武的技術分化成了劍術和槍術，一個流派一個藩，即形成了只有那個藩才能看到的固有的劍術流派和槍術流派。這些技術成為世襲家業的「武藝」，轉為密傳，也不會和其他流派、其他藩進行實力對決，變成了封閉式的東西。就這樣，形成了弓、馬、槍、劍「四藝」的框架。傳承四藝的是世襲的、有俸祿的「士」。足輕以下的人無法學習「四藝」，只能掌握捆綁術等和治安相關的武術。

到了十八世紀，幕府和藩出於改革需要，將政策從家業世襲變為提倡能力第一、起用人才，重新審視武，劍術比賽開始興盛起來，在道場練習劍術變得流行起來。這和之前作為武士「四藝」的劍術（重視形式上的練習和心的修養）不一樣，是由足輕和幕府下級官員推行、在村落興盛起來的武術，然後影響到了「四藝」的劍術，讓其變得活性化。

延續至今的竹刀競技始於近世後期的十九世紀（圖三—六）。用堅固的防衛道具遮蓋臉、前臂、喉嚨、軀幹等身體的要害部位，和現在一

圖三—六・竹刀劈打比賽的場景（出自《北齋漫畫圖錄》）

樣使用「四割竹刀」的「竹刀劈打比賽」開始出現，其比賽方法也有變化。人們也開始發明出一些使用真劍無法實現的技術。這雖然是採取武的形式，卻是重視安全的競技體育。比如，竹刀的柄的標準長度是三尺八寸（一一五厘米），如果是真劍的話就會很重，不可能自由地做出使用竹刀時的動作。江戶時代規定，只能攜帶刀刃長二尺三寸（七十厘米）以下的真劍。

之後，在江戶、大坂、京都這三個都市，到處都建有一般民眾也能進去練習劍術的町道場。町道場的興盛是跨越了武士社會狹隘的身份界限的一種社會現象。其結果便是，主持道場的千葉周作、齋藤彌九郎等幕末的著名江戶劍客中的很多人都出自農民或者足輕同心，屬於位於武士和農民之間的身份。那位著名的近藤勇也是農民出身，他在加入新選組以前是劍術道場主的養子。他好像不太擅長竹刀的比試，但據說有能一眼看穿對方的本領。這便說明了「竹刀劈打比賽」是一種體育運動，和用真劍進行砍殺是兩回事。

浪人

在古裝劇中常見的浪人原本寫作「牢人」。這是「牢籠人」的縮寫，「牢籠」有窮困之意。

江戶幕府剛成立的時候，由於幕府對大名採取「擊潰」政策①，浪人激增，數量達四十萬至五十萬。被斷絕了出仕之路的浪人，生活困頓，釀成了充滿危機的氛圍。罷免大名是浪人產生的原因，慶安四年（一六五一），以由井正雪、丸橋忠彌等人企圖「倒幕」的陰謀事件為契機，大名們不再那麼容易遭到罷免了。十七世紀後半葉之後，浪人的戶籍由町人共同體的町掌控，由町奉行負責管理。從法律上說，這和對庶民的處理沒甚麼兩樣，但從身份上說他們屬於武士，可以擁有姓氏，也可以帶刀。貧窮的浪人居住在町宅地的長排房屋裡，從事糊傘等副業以謀生，也會開設町道場教授武藝，或者以學問、文藝等其他藝能來謀取生計。也有很多浪人在初等教育機構做教師，為庶民教育做貢獻，成為近世知識分子的一個類型。浪人時代的山鹿素行、新井白石、荻生徂徠和近松門左衛門就是其中的代表。

櫻田門外之變

戲劇和電影中的斬殺，即武打戲和演技中的格鬥部分，是以歌舞伎和新型國劇中的混戰場面為基礎，進行了華麗加工的一種舞蹈。那麼，真實的砍殺是甚麼樣的呢？

① 以謀反和過錯為由，斷絕大名或旗本的血脈，沒收領地等。

安政七年（一八六〇）三月三日，水戶藩尊王攘夷派等十八人在櫻田門外襲擊了正前往江戶城的大老井伊直弼一行，取下了其首級。這就是著名的「櫻田門外之變」。井伊一行人有隨從的徒士①以上二十六人，包括足輕、提草鞋的人等一共六十多人。這一天下起了春天少見的大雪，一行人全部穿着蓑衣。為防止刀被雪水滲透而生鏽，他們用呢絨或桐油紙做的柄袋罩着刀，柄袋繫在刀鞘上。

有一群人假裝參觀大名出行的隊伍。其中一人手中拿着申訴狀，裝成要向大老駕籠訴②，靠近隊伍的前頭，用大刀劈向走近的徒士。正在隊伍大亂，一大半守護在轎子周圍的徒士都走到了前面時，響起了短槍槍聲，剩餘的同志們一起拔刀從道路兩旁砍了過來。

直弼的隨從們穿着蓑衣，刀還套着柄袋，就遭到從左右兩邊而來的攻擊。終於脫掉這些東西開始戰鬥時，已經陸陸續續有死傷者出現了。有不少人目擊了這場混戰。有人從始至終從現場的松平大隅守宅邸的窗口觀察了這場混亂的戰鬥。此人叫奥津，是杵築藩的江戶宅邸留守人，他在談話記錄中寫道：「以前一直聽說，真劍的較量是雙方保持一定的距離並互相攻擊，但並非如此。實戰中人們用刀的中部以及刀柄護手處進行較量，勝負一分，

① 下級武士。沒有資格直接參見幕府和諸藩，也不被允許騎馬。
② 江戶時代直接申訴的一種形式，申訴人等待幕府要職人員的轎子經過時直接申訴。

轉瞬間就有四五人被砍倒了。」參加這場戰鬥的人都忘記了以前學的劍術的姿勢，而是用身體密切接觸，用護手根去打鬥。

襲擊者也非常投入

我們從別的史料可以知道，襲擊一方也是慌慌張張的。他們忘了信號口令，甚至還發生了相互殘殺的情況。襲擊一方的很多人回憶道，「拔刀之後，也不知道間隔，不管三七二十一地打了起來。眼前發黑，人很投入。這和競技練習完全是兩回事。」「眼前一片黑暗，彷彿黎明時分一樣。」「心情急躁（中略），亂打一通，跟練習時完全不一樣。」「眼前發黑」和加藤清正的初戰體驗是一致的。

就算事先確認過襲擊時的步驟，自己不斷地做思想準備，整裝待發，但實際拚上性命的初次體驗就是這樣的。足輕以下的人隨着事件發生都亂紛紛地逃跑了，彥根藩士中也有人從砍殺現場逃離，逃到松平大隅守的便門處，瑟瑟發抖。

彥根藩中堂堂正正的劍客、擔任供目付的河西忠左衞門還是沉着應戰的。他發現是暴徒襲擊之後，姑且退了下去，脫去柄袋和蓑衣，整理好裝備，在轎子旁邊揮着左右兩把刀，拚死進行防衛。他砍死了一人，但被人從前後左右圍攻，最終當場喪命。

再回到奥津的談話上來。轎子周圍的人變少之後，「一名大個子和兩名一般身高的男子瞄準轎子，立刻將穿着全身禮服的直弼揪了出來。一人朝着其背後砍了三刀，發出三次蹴鞠那樣的聲音，大個子男人朝着直弼的頸部砍去，發出刀貫穿時的巨大聲響。事情的前後經過沒聽清楚，只聽到遭遇襲擊的是井伊掃部。」直弼被短槍子彈打中，負傷不能動彈。這個過程看起來時間很長，但據說只是抽了三根煙的工夫便結束了。

結果，四名彥根藩士當場死亡，事後又有四名傷者不治而亡。襲擊一方也有一人被砍死，三人負傷後自盡，二人受重傷後身亡。事件發生後，現場的雪地上散落了很多被砍斷的手指和耳、鼻的一部分。當時他們用護手根迎接攻來的刀，在這種狀態下相互推擠，所以握着刀柄的手指就被砍落，耳、鼻也被削掉了。

彥根藩士的刀

據說在事發現場殘留着變得彎曲、像鋸子一樣鋸刃的刀。筆者得知當時死去藩士的刀被收藏在彥根市的彥根城博物館，在獲得特別許可後好好地觀察了一番。一共有三把，分別是河西忠左衛門（刃長八十九厘米）、永田太郎兵衛（刃長六十九厘米）、越石源次郎（刃長六十一厘米）使用的（圖三—七）。越石的刀被稱作長肋差。刀刃最長的是河西所使用的

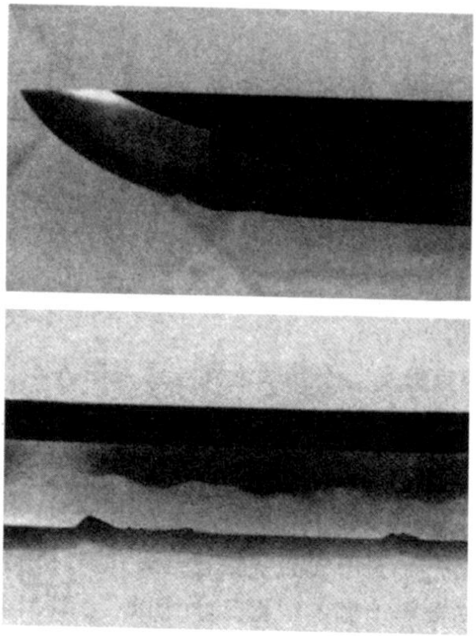

圖三—七・越石源次所用的刀，長肋差的刀尖和刀刃腰部有損傷。（筆者拍攝，彥根城博物館收藏）

刀，其刀莖上有兩個孔釘，還有兩處用金屬封住原來的孔的痕跡，可見原來是把更長更大的剛強之刀。他們三人都緊貼直弼的轎子，守衛在後面。河西與永田在戰鬥中喪命，越石的頭頂到額頭部位被砍裂，歸宅後當天就斃命了。

河西和越石的刀刃有很明顯的翻卷，特別是越石的刀，刀尖和刀刃腰部有兩處很深很大的缺口。這兩把刀都被重新研磨過，刀刃上小小的翻卷就不那麼明顯了，但如此大的缺口是無法抹去的。可以想像事件發生之後，這把刀一定是更加慘不忍睹的狀態。這是訴說着當時砍殺之激烈的物證，筆者在觀察時就起了雞皮疙瘩。

第四章

關於「武士道」——武士的精神史

一　古代、中世武士的真實面貌

諺語裡的武士形象

很多日本人都認為，武士即戰士，又代表着某種倫理和道德。有一本稍舊但收集了各種俚諺，即民間流傳下來的諺語的書叫《俚諺大辭典》（中野吉平著，東方書院，一九三三年）。我們可以從中找出各種關於武士的俚諺，比如：「武士無二言」（武士重信義，所以一言既出，駟馬難追）；「武士之命比義輕」（武士為了義可以捨棄生命）；「武士三忘」（武士奔赴戰場時必須忘記家庭、妻兒和自身性命，義無反顧）；「武士金口玉言」（對於武士來說，一旦答應下來的事情，必定遵守約定將其完成）；「武士惺惺相惜」（武士都是立場相同的，因此必須為對方着想，相互幫助）；「武士知情」（武士重人情）；「武士知物哀」（武士知曉沁人心脾的韻味）；「武士難事二君」（忠臣不能服侍兩位君主）；「武士即使食不果腹也要用牙簽剔牙」（武士就算清貧也不行不義，或指武士矜持）；「武士是流動的」（武士可以選擇為不同的主人效力）。

俚諺的表裡

前面所列舉的俚諺都附有出處，基本上都出自歌舞伎、淨琉璃和文樂①作品，所以這些可以說是江戶時代以來在庶民社會中形成的武士形象。同時，這種現象包含了對武士的期待，認為武士應該是有姿態的，應該符合上述形象。這和武士的實際形象有很大差距。因為俚諺會含有反話和諷刺，我們有時候必須考慮正反相對的兩種意思。當這兩種意思難以調和的時候，就會出現像「武士是流動的」與「武士難事二君」這種意思完全相反的俚語並存的情況。前者的出處是《陰德太平記》。這是出版於正德二年（一七一二）的軍記物語，以戰國時代的中國地區②為舞台，記錄了毛利氏的稱霸過程。後者雖是自古就有的說法，但特別在江戶時代，變成了理所當然的道德規範。可以說，這兩句俚諺反映了戰國時代以前和江戶時代的武士精神的變化與時代差異。

不管怎樣，拋開熟悉歷史的人不說，大多數讀者應該不會覺得俚諺中的武士形象有甚麼奇怪的。在那些老生常談的歷史小說中，正義的主人公和反面人物的重臣、代官分別代

① 人形淨琉璃的別稱，指江戶時代誕生於大坂的傳統藝術形式。
② 本州島西部地區，相當於現岡山、廣島、山口、鳥取和島根五縣。

表了上述諺語中的正反兩面，最後都是正義的一方獲勝，結局是大團圓的。於是，整體來說，武士一直得以保持正面的形象。

兵之道

前面說到在武士的精神史上江戶時代與戰國時代以前是不一樣的，接下來詳述這一點。武士誕生於九世紀的貴族社會的一隅，後來有了對自己獨特的生存方式的自覺，於是就有了「兵之道」「持弓箭之身的習俗（常理、規則）」等說法。前者是指作為職業身份的武士應有的能力，即掌握、實踐作為藝能的「武」的過程，或者說所習得的方法和技術（力量）。與中世其他的「道」一樣，「兵之道」不包含精神和倫理層面的含義，其重點在於保持「膽大機敏，本領高超，判斷力出色」的戰鬥能力（《今昔物語集》卷二五第七）。只有這樣才真正算是最初的中世的「道」。

當然，武士既然身為戰士，在戰場上必然與死亡相伴。既要去殺人，也不可避免自己被殺。所以，對死亡的覺悟是武士的自我歷練中很重要的一部分。於是，「持弓箭之身的習俗」的終極理想在於，在大將軍面前義無反顧地戰鬥，就算父母戰死、孩子被殺，也要繼續戰鬥。但是問題在於，為何而戰，為誰而戰。

為主人報仇的首例

奥州藤原氏滅亡後的第二年，即文治六年（一一九〇），已故的藤原泰衡的一部分隨從反抗鎌倉幕府，在出羽起兵。主謀者叫大河兼任，關於這次起兵的目的他是這樣說的：「從古至今的慣例都是向近親或配偶的仇敵復仇，未曾有人斬殺主人的仇敵。而我兼任將開啟首例，前往鎌倉殺敵。」（《吾妻鏡》同年正月六日條）

大家或許會有疑問：兼任真的說過這樣的話嗎，起兵的動機真的是為主人報仇嗎，在兼任以前沒有過為主人復仇的先例嗎？眼下這些問題都無關緊要。重要的是，《吾妻鏡》專門記錄了兼任這段話。這表示《吾妻鏡》的作者認為，為血親或配偶報仇是理所應當的，但為了主人而賭上身家性命是非常少見的，值得記錄下來。這對我們來說是很好的材料，可以推測在《吾妻鏡》編纂的鎌倉後期，武士的主從制實際上是甚麼樣的。

主從制的兩種類型

從前的主流理解認為，日本中世特別是前期的主從關係不同於西歐封建制的主從關係，特徵為主從之間的契約觀念淡薄，侍從對主人是單方面的、獻身的侍奉。這主要是戰前的比較制度史、比較法制史的研究者極力主張的說法。但是這種觀點並沒有正確地把握中世主從制的實際形態。其問題不單在於不準確，而且在於無意識卻很強烈地反映了在戰前被強調的作為大日本帝國臣民的道德觀：克服利己主義和慾望，無私的獻身精神，對國家（天皇）的絕對順從，等等。

而現在的主流研究一般認為，中世的武士分為「家人」（けにん）（kenin）與「家禮」（けらい）（kerai）兩種類型，戰前所強調的類型只能歸類為「家人」型，他們被人身支配關係、隸屬關係所束縛；「家禮」是在一定期限內，只進行一定程度的侍奉，並擁有去留權利的隨從。按照這種區分來說，一直追隨主人直到生命最後一刻的隨從是「家人」型，《吾妻鏡》所描述的那種罕見的為主人復仇的武士則是「家禮」型。有實力的武士大多數屬於後者，他們的特殊氣質在於保持着很強的獨立意識。

謀反是武士的榮譽

文治三年（一一八七），畠山重忠（參照圖四－一）涉嫌謀反，被要求提交起請文（一種文書，寫明自己違背誓約時將受到神佛的懲罰），以示清白。這時重忠說，「像我這樣的勇士，若是被人說浪得虛名，藉着武威搶取別人錢財以此謀生，則是奇恥大辱。要是傳言我

圖四—一・日本國寶「赤絲威鎧」，據傳為畠山重忠所用，藏於武藏御岳神社。（本圖中的為其複製品，藏於青梅市鄉土博物館）

意圖謀反，對我來說反而是種榮譽。只是，我已奉源家的當家（賴朝）為武將之主，絕無二心。賴朝一直都知道重忠並無謊言」，拒絕提交起請文（《吾妻鏡》同年十一月二十一日條目）。「謀反的傳言是武士的榮譽」這種說法，最鮮明地表現了武士的獨立意識。這不僅體現了重忠的思想，而且反映出武士們其實自尊心很強，很難被駕馭。

因此，作為武家首長的一個重要資質是，抓住一切機會用心關懷武士，並且需要深思熟慮，不損害他們的自尊與名譽，恩賞公正。

與此相對的是，近世幕藩體制下的主從關係，拋開實際情況不說，表面上是主君至上。正如第二章所述，從整體上講充滿個性、大放異彩的中世武士接受近世的主從原理的過程十分漫長，特別是經歷了太閤檢地和兵農分離之後，原本擁有自己獨立收入來源的武士，變得需要依靠將軍和大名給予的土地和俸祿來生存。

如何處理投降者？

在上述中世的主從關係之下，武士們在戰鬥不利的情況下選擇投降，就沒有甚麼可以被詬病的了，而接受投降一方的人從寬處理也很正常，因為投降和背叛也是留去自由的一部分。

「後三年合戰」的最後一戰是金澤之戰。在此戰中，源義家要將捕獲的清原武衡（家衡的叔父）斬首。武衡就向義家的弟弟義光請求饒命。於是義光問義家：「自古以來的兵之道都寬大處理投降者。將武衡斬首一事，出於何意？」義家回答說：「所謂投降者，是指從戰場逃走而不落到敵人手中，事後主動反省自己的罪過（並將自己性命交給對方處置的人）。（中略）武衡是在戰場上被活捉的，才過一陣子就想着保命，真難堪。這也叫投降者？一點都不知曉禮節，實在太幼稚。」最後還是把武衡斬首了（《奧州後三年記》）。

從這裡我們可以看出對俘虜的廣義上和狹義上的兩種理解。義光認為，對奮戰之後被活捉的俘虜應該寬大處理。而義家認為，主動投降的才算俘虜，戰敗被生擒的不算數，請求饒命的行為實在難看。之所以會產生這種認知上的差異，也是因為義家單方面地將武衡定性為叛變國家的人，而且義家生性殘忍。若非如此，一般都會對投降者寬大處理的。

在石橋山合戰時，大破賴朝一方的平家大將大庭景親後來投降了。他被暫時交給上總介廣常看管，後來被斬殺。但和景親一起行動且後來投降的人中「只有十分之一」的人被處刑（《吾妻鏡》治承四年十月二十三日條）。可見，鎌倉幕府對投降者不會馬上處刑，大多數情況下將他們交給幕府相關人員看管，等審判結果出來之後再決定是釋放還是流放。

勇士不以被俘為恥

說起來，中世武士都認為「騎馬射箭之人被敵人俘虜，並不一定是恥辱」（《吾妻鏡》壽永三年三月二十八日條），「運氣用盡成為階下囚，乃勇者常有之事」（同文治五年九月七日條），他們並不覺得竭盡全力戰鬥之後被俘是一種恥辱。也正因為如此，《平家物語》裡面才會有以下片段。在一之谷合戰中，平家大將平盛俊將源氏一方的豬俣則綱按在身下，卻被豬俣的一番假裝求饒的話語迷惑了：「真丟人，哪有人取下投降者首級的。」盛俊放過了豬俣，卻被豬俣伺機砍下了腦袋。

「半分投降法」是南北朝內亂時期常見的做法。曾經的敵人只要投降也能成為我方的戰鬥力，所以，就算說好將敵人的領地分配給某人，若是該領地的「當知行」（正實質性地支配該領地）之人投降的話，就不能輕易沒收該地，因而約定的內容很多都會落空。這是因為，在中世，長年的「當知行」被作為當事人強有力的權利而得到尊重。於是就產生了「半分投降法」這種解決方案，即將一半（或者三分之二）的領地給予「當知行」的人，另外一半（或者三分之一）分配給新的人。

需多易主

俚諺「武士是流動的」所代表的觀念早在鎌倉時代就有了。在《承久記》上卷中有這樣的比喻：「侍是流動的，如隨風而倒的草一般，跟隨對自己有利的強者。」到了戰國時代，這種行動準則就變得理所當然了。就連到了近世前期，我們也能聽到僅為雜兵的人發出這樣的聲音：「我跟過四五十位主子。侍奉的人不一樣，我的想法也會變。」（《雜兵物語》上）作為這種觀念的典型例子，下面來介紹一下渡邊勘兵衛的事例。

他十六歲開始上戰場，後來被羽柴秀吉收入麾下，跟隨秀吉的養子秀勝以及中村一氏，參與過賤岳之戰和小田原之戰等戰鬥。在小田原之戰中，負責攻取戰略要地伊豆山中城（現靜岡縣三島市）的是豐臣秀次（秀吉的養子），先鋒是中村的兵隊，衝鋒打頭陣的就是渡邊勘兵衛。在關原之戰中，渡邊跟隨「豐臣五奉行」之一的增田長盛。在長盛作為西軍出征時，渡邊守衛他的居城大和郡山城。戰鬥結束後，藤堂高虎等人前去接收城池，看到勘兵衛對堅守城池的人進行了出色的指揮，非常佩服。於是高虎把勘兵衛收入麾下，給了他高達二萬石的俸祿。在大坂之陣中，他擔任藤堂軍隊的先鋒。大坂夏之陣的時候，在八尾（現大坂府八尾市）之戰中，勘兵衛與長宗（曾）我部盛親的部隊交鋒。在形勢不利的情況下，勘兵衛無視撤退命令而追擊敵人，雖然後來獲勝，但也給軍隊造成很大損失。為此，他與高虎和其他重臣的關係惡化，便出走逃亡，雖然後來也尋求出仕的門路，但是沒能成功。他寫了一部回憶戰記叫《渡邊勘兵衛武功覺書》。這書雖然誇大了他的戰功，但很真實地展示了他作為一名武將的形象：僅憑藉自己的能力侍奉各位大名。

另外，就連他的主人藤堂高虎也是「流動奉公人」的代表，一生七次易主。高虎最後侍奉的是家康與秀忠，雖身為外樣大名卻得到了家康親信的地位，實力過人，足以匹敵幕閣。像勘兵衛和高虎這種尋求能充分利用自己能力的主人的人物，在當時是很常見的。但是在近世的秩序形成之後，他們失去了自己的獨立收入，變得必須依賴主人給予的知行地與俸祿來生存，失去了選擇主人的自由。所以武士不能侍奉二主這種說法也就變得理所當然了。

為名利而生

之所以存在「流動」這種生存方式，是因為很少有武士對名利不感興趣。對大多數武士來說，驅使他們奔赴戰場的巨大動機就是對名利的渴望。在戰場上立下赫赫功勳，從主君那得到與此相符的封地和賞賜，這根本不是甚麼令人羞恥的事情。倒不如說，這是把自己的價值用看得見的形式表現出來的利，與名是一體的。對自己的功勞不給予相應回報的主人，稱不上主人。若是這樣，倒不如自己先作罷。

但是，要平衡名與利是很困難的。若是過於傾向利，就會變成貪欲，不惜背信棄義。戰國大名朝倉氏的一名老將曾說過，「武者，被稱作狗也好畜生也罷，取勝才是根本」，認為為了取勝可以不擇手段（《朝倉宗滴話記》）。據說明智光秀也曾公開聲稱：「佛之謊言稱作方便，武士之謊言稱作武略。」（《老人雜話》）看到這裡，肯定會有人馬上正襟危坐，激烈地斥責這是不道德或者故作惡相的行為。後面會講到，《葉隱》的口述者山本常朝的祖父曾說道：「大聲喊吧，撒謊吧，賭博吧！」常朝的父親也常教訓其說：「走過一町的工夫撒七次謊，這才是男人。」

兵者詭道

著名的儒學者貝原益軒在《文武訓》（一七一七年刊）中介紹了當時兵法家的言論。他主張道：「日本的武道絕不能像儒者那樣講一些仁義忠信的漂亮話。在戰場上，不偽裝、不欺騙對手的話是不可能獲勝的。兵者詭道（騙人的手段），有時即便騙取自己人奪取功勞，或者攪亂敵國內部奪取政權，也是無所謂的。這就是日本的武道。日本是武國，所以不可能像中國那樣用正直溫和的手段去建功立業，這本身也不符合日本的風俗。」他還提倡道：「費盡心機、毫不猶豫地將別人取下的首級搶過來當作自己的功勞，這種做法就是日本的武道。」兵法家所說的「武道」指的是和武有關的行為、舉動、技能，再加上「道」這個字，從而也包含了武士的心態。所以，當時武士的武道，與兵之道相比，更加與倫理禮節無緣。

說起來，從常朝的祖父和父親隨口說出的話可以聯想到「殺人搶劫對武士來說並不稀奇」這個諺語。這個諺語的直接出處應該是《假名手本忠臣藏》（一七四八年首演）中的「必要的時候，搶劫也是武士的習慣」（第六），而且後來的浮世草子《世間御旗本形氣》（一七五四年序）中的「自古以來，武士落魄的時候就會殺人搶劫以謀生，這十分常見，並不羞恥」（卷二）也和這個有關。這些說法似乎源自習慣了近世和平生活的武士的生活狀態。

對於這些武士來說，他們到底在多大程度上對死亡抱有倫理上的自覺？

武士與咒術

戰國武士這種現實的、貪婪的生存方式的背後，是對咒術的依賴。在人類的行為中，武力和戰鬥是攸關性命的危險行為。既然如此，就算是勇猛又坦然的武士，也是需要咒術的。眾所周知，就算不是直接面對死亡的戰士，像職業體育選手這樣的人也會拘泥於各種吉利徵兆，凡事求個好兆頭。

在近代以前的社會，一般來說技術和咒術是分不開的。時代越往前，兩者就越難分離。武藝是技術的一種，所以自然也與咒術的觀念、作用合為一體。咒術不單純是無知人們的迷信。有時候，咒術能夠消除人們的不安與恐懼的心理。另外，有的時候，因為咒術讓成員陷入不安，而這些不安與恐懼的心理在成員之間被共享，成員之間的連帶感就加強了。對於相信的人來說，占卜就是人生的導航，是活力的源泉，能給精神帶來安定，也能帶來不安。這就是當時的現實。

何為軍學？

軍學也叫兵學、兵法。在門外漢看來，軍學主要包括軍法（隊列的組合方式、兵器的配備、軍役的數量等）和軍略（戰略與計謀）。但除此之外，軍學還包含軍禮（關於出陣與凱旋等的儀式禮法）、軍器（製造軍用器具），以及「軍配術」（占卜天文、氣象、時日、方位的凶吉），其中最重要的是「軍配」。有一本書叫《慶元記》，編者是北條氏長，他繼承了甲州流軍學並建立了北條流軍學。在此書中，他對軍配進行了批判性總結：「軍配就是預知戰鬥勝敗的手段，其方法全部基於陰陽數理。」這就將軍學從中世的、咒術性的戰爭技術學中解放了出來。氏長是在戰國時代奠定了後北條氏全盛期的北條氏康的曾孫，而且是江戶初期的幕府旗本，後來成了大目付。

從古代開始，在中國軍學的強烈影響下，日本的軍學融合了密教、道教、陰陽道、宿曜道、修驗道等形形色色的要素並逐漸成形。其中，以機密兵學的軍配為中心的《兵法秘術一卷書》和《訓閱集》等書籍特別受到重視，流傳下來了很多抄本和異本。到了戰國時代，軍配術越來越興盛，甚至出現了在團扇上描繪軍配日取圖（圖四－二）的現象，這就是軍配團扇。所謂日取圖，是指在圓形扇面上畫梵字（用來記錄梵語的文字），標示金剛界大日如來，然後將其分為十二等份，記下十二個月與十二干支，再在圓形外側用二十八個紅白兩

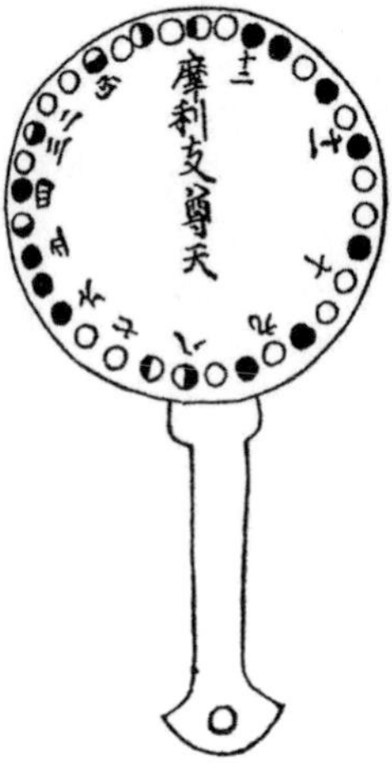

圖四—二・周文王的軍配團扇日取圖，傳說由山本勘助獻給武田信玄。（出自《甲陽軍鑒》卷十九）

色的圓點象徵二十八星宿。人們根據這些星宿來判斷行事的日期、時刻和方位的吉凶。

大將把這種軍配團扇帶到戰場，親自判斷戰機的吉凶，但有時候也讓有特殊技能的人在大本營做出判斷。作家井上靖的作品《風林火山》的主人公山本勘助，一直是謎一般的存在，直到近年人們才開始相信他是確實存在的歷史人物。有人認為他其實是信玄身邊的軍配兵法家。所謂軍師，一定是這種接近陰陽師的人物。

總而言之，中世、戰國時代的合戰依舊帶着濃厚的神秘性、秘密性元素。很多人都自然覺得那時的武士只是使用着帶古風的武器、武具和兵衣，但本質上的戰鬥方法與近代的野戰和攻城戰沒甚麼兩樣。這種觀點是必須糾正的。

二　統治者的倫理學

戰士與統治者

武家勢力在六波羅幕府（平家政權）之後，經歷過幾個階段，代替文官貴族，佔據了政治上的優勢地位。於是，武士就不僅僅是戰士了，開始具有統治者的性質。不管是想趁着下克上的風潮取代主君的人，還是克制自己堅守地位的人，都想糾正奔放並充滿私慾的風氣，培養能拉近人心的具有指導性的德行（道德心）。在戰國亂世結束後的近世社會，有兩種傳統並存：既重視作為戰士的風氣，也重視作為統治者（指導者）的道德心。日本人之所以會將武士看作倫理的、道德的象徵，是因為作為統治者的一面是當時武士的主要特性。但是，正如本書稍後會提到的一樣，這是十七世紀後半葉之後的事情。我們卻深信武士本來就是倫理性、道德性的存在。

重視作為統治者的道德意識的傳統，在近世和儒教結合起來。推崇武士這種特性的理論一般被稱為士道。士道在近世的武士社會起到了主導作用。與此相對的是武士道，重視的是武士作為戰士的傳統。士道和武士道都指武士的思想準備及其對生存方式的自覺，都有作為武士思想的共同之處，但在學術語境中，武士道一詞大多只限定於後者。雖然現實中兩者應該是混淆的，但儒家學者們片面地認定武士道是戰國時代的殘留思想，對其持否定態度。而主張武士道的人也對帶有儒教特色的士道發起了猛烈反擊。

素行的士道論

近世士道論的代表人物是江戶前期的兵學者、儒家學者山鹿素行。《山鹿語類》（成書於一六六三年）是他的門人收錄其講義的書籍，其中的「士道篇」（卷二十一）就體系性地闡述了其士道論。它強調的是「了解自我的職分（作為職業存在的理由）」。農民耕地，工人製造物品，商人從事交易，這三者都揮汗勞動。和他們相比，武士「不耕不造不賣」，如果不付出任何努力就能解決溫飽問題，那就是「遊民」，是「天之賊民」。所以，武士應該自問，作為武士的「職分」到底是甚麼。不應該依賴別人或者書籍，應該切實地問自己，從心底對武士的「職分」有自覺。通過這種方式覺悟到的武士「職分」，就是讓天下實現人倫（儒教倫理，指父子、君臣、夫婦、長幼、朋友間的道德秩序）之道。

三民的倫理指導者

關於武士的「職」，素行的主張如下。從武士的立場出發，他認為武士應對主人盡奉公之忠誠，與同伴交往注重信義，謹言慎行而專注於大義。若是天下萬民不存在了，那麼人倫也不可能存在。農、工、商各自忙於自己的職業，故平日裡專注於各自的事業，無法極盡上面所說的這種「道」。於是，武士代替農、工、商來努力實現人倫之道，若是三民中有攪亂人倫者，須立馬對其進行處罰，以正天道。因為武士立於三民之上，所以必須文武雙全、有才有德。

這種觀點是將武士與三民的關係置換成政治與經濟的分工關係，以教化三民為職責，將既有的支配正當化和合理化。像這樣，作為人倫的指導者的武士要對這種「職分」有自覺，就必須要求自己擁有符合道義（人所應行的正義、道德）的人格。最先應該要求自己有「大丈夫的秉性」，接着就是內心對道義的自覺。所謂大丈夫的秉性，指的是不輕舉妄動，不屈服於任何事物，擁有包容萬物的寬廣心胸。

大丈夫的秉性

要培養這種秉性，就要端正內心。要端正內心，從根本上說就是捨棄利，為義而生。也就是說，要毅然堅持道義，並且否定情慾。素行還接着舉了清廉、正直、氣節等為例進行論述。清廉指的是經濟上的潔癖，正直指的是不論親疏貴賤都堅守道義不變，氣節指的是其在道義上的強大之處。

如果用素行喜好的詞來表達大丈夫的秉性，那就是「卓爾」（卓越出色）的秉性。他所描繪的符合道義的人格是指，對自己的情慾、對世俗、對世間萬物都應以「卓爾」的態度去面對。素行還主張，形成大丈夫秉性的具體方法是，平日的一舉手一投足都要有威儀。

威儀不僅包括視聽、言語、飲食方面的謹慎，而且要體現在容貌、面部表情和走路方式上。威儀是禮的外在表現形式，素行認為，在端正威儀的時候，內心的道德也會逐漸養成。武士要對自己的「職分」和人倫之道有自覺，並努力將之實現，不論是在日常生活中多麼細微的事情上，都不能鬆懈威儀之態。

武士重視「矜持」，也就是自負。這不僅僅是對農、工、商的態度，武士相互之間也一樣，必須帶着「矜持」的態度，不落後於別人。通過端正威儀而形成的人格是理想的、符合道義的。這是值得敬畏、值得作為榜樣的人格。具備「卓爾」、令人敬畏的人格才是素行心目中理想的武士形象。

素行的出仕論

作為武士，若有志於在天下實現「道」，唯一的方法就是輔佐主君執政，因此武士應該作為臣子出仕，治理主君的國家，救民眾於困苦之中。素行在《山鹿語類》的「臣道篇」一、二（卷十三、十四）中詳細地闡述了關於出仕的見解。

關於武士的出仕，素行舉了四個類型。第一種是「不行道」的出仕。這種出仕是為天下、國家、人民而效力，所以並不是武士自己主動去追求，而是等待主君獻上敬意、極盡禮數之後才侍奉主君。第二種並不一定是為了實現「道」，而是被厚禮相待、難以辭退時的出仕。第三種是為了養活父母妻兒而不得不去出仕。第四種是出於繼承先祖代代相傳的奉公而出仕。

既然素行的出仕論如此，那麼出仕後的進退也是與此相應的，特別是第一種為了實現「道」的出仕。在這種出仕中，若是主君無道、政治無法，就算得到的地位再高，俸祿再豐厚，武士也應多次諫言，盡全力修身，等待主君醒悟。但到了關鍵時刻，君子則不應該逗留於此。素行的士道論中理想的出仕和隱退之法就是這樣的。

超越主從的情誼

從素行提倡的這種君臣關係的角度來看的話，《葉隱》式的武士道所重視的殉死（主君死時，臣下也追隨其自殺）等理念是應當被批判和否定的。超越主從之間的私人情誼（交遊時的感情、親密性、友情）式的結合，放眼寬廣的世界，再實現道義，這才是作為大丈夫的武士的任務。

素行向林羅山學習儒學，向北條氏長學習軍學。如前面所說，氏長不僅剔除了軍學中的咒術要素，將其變得合理化，還主張「士之法」「保全士之職分的法」，將軍學發展成治國平天下的大道，這是以武士為本位且為武士設計的教學。據說，素行在將士道論體系化，構建武士的倫理學、政治學的過程中受到了氏長教誨的很大影響。

三　關於《葉隱》的武士道

何為《葉隱》？

士道是以武士對應守之道的自覺為根本的。與此相對，武士道是以死之高潔、對死的覺悟為根本的。武士道的代表著作是《葉隱》（全十一卷），其編者是佐賀鍋島藩的田代陣基（陳基），受到了該藩的山本常朝的思想影響。卷一、二記錄了常朝對作為武士的精神準備的看法，據說完成於享保元年（一七一六）。《葉隱》的思想在近世階段是非常孤立的主張，它甚至都沒能被選為鍋島藩藩校的教材，最多在幕末時被藩內擔任要職之人拿來進行會讀（兩人以上聚集在一起讀書）。實際上，直到明治三十九年（一九〇六）以後，《葉隱》才被佐賀縣外的人所知曉。從在近世的影響力這個角度來說，《葉隱》基本可以被忽略，但其在近代的影響力非常大。另外，《葉隱》中還常講到生活在早已遠去的戰國時代的武士們所面對的進退維谷的境遇。因此，下面將詳述該書情況。

貫徹死的覺悟

我們來比較一下士道和武士道是怎樣看待死亡的。素行認為應該時刻做好死亡的心理準備，而《葉隱》則提出「要認識到，所謂武士道即死亡」。這兩者看起來表述了同樣的觀點。但素行認為，若是武士要去完成應做之事，那麼也不應該逃避死亡，要從根本上遵從武士應當守護的道，為此，面對死亡也不應該退縮。也就是說，素行主張的前提是，即便要死也應遵循應有的做法，根據情況做出恰當的判斷，否則就變成了「犬死」（白死）。

然而，《葉隱》卻說：每個人都有無法避免的對生命的執着，心有餘力之時必定會以「武士的應做之事」這種藉口來偽裝自己，將自己的行為正當化，在不得不死的時候也會選擇求生之路。如果是這樣的話，就算只是一瞬間，人都不應該給自己墮落的餘地，結果不是問題，馬上衝向死亡，時刻與死亡為伴，貫徹「死身」（赴死的態度）。貫徹「死狂」（帶着死亡的覺悟去激戰）之時，自己也能從羞恥中得到救贖，同時也能實現忠孝。士道歷數理非正邪，但這只是為了掩飾自己的私心，只有在死亡中才能保持自我的純粹。

在對主從關係的看法上，士道與武士道也很不一樣。關於對主君的諫言，士道認為，如果主君不聽諫言，無法實現「道」的話，武士應離開這樣的主君。而武士道認為，在主君不聽諫言之時，武士要越發站在主君一方，不讓主君的惡被外部發現，把主君之惡的責任引到自己身上，繼續進諫。這是一種可以稱為虛無主義的立場。在武士道看來，和主君、主家的契約是充滿情誼的，是絕對的。

近世社會禁止自力救濟

在這裡有必要解釋一下和主家的契約的絕對性。在《葉隱》的時代，「喧嘩」是唯一可以讓我們感受到戰亂時代遺風的東西。「喧嘩」指的是，在武士社會發生的賭上各自名譽的武力衝突，為了解決紛爭而發生的私戰與私鬥，也就是第一章所說的自力救濟。「喧嘩」的原因可以是發生在道路上的小衝突，或是源於政治意見對立的衝突，抑或和領地邊界相關的衝突，只要是用武力去解決因為感到名譽受損而發生的各種衝突，都叫「喧嘩」。

《葉隱》認為即使發生「喧嘩」，不，正因為發生了「喧嘩」，才更應該完全抱着「無論勝負」「不管不顧一心去死」的心態。但是私戰和奉公是相互矛盾的。私戰會擾亂藩的秩序，在出戰之前就失去本應為主君所用的性命。這是非常嚴重的對主君的不忠不義。

在近世，憑自己的判斷用實力解決紛爭，是一種無視主上（幕府、藩等執政機關）的輕率行為，特別是發生在集團之間的使用武器的「喧嘩」，在當時被認定是反叛行為。因此，幕府是禁止武士以外的群體日常攜帶和使用作為自力救濟手段的武器的（默認擁有）。即使有些武士和戰國時代以前一樣，會自我武裝，但隨意的戰鬥行為是遭到禁止的。從江戶初期到前期這段時間仍然適用「喧嘩兩成敗」的方法（成形於十五世紀後半葉，戰國大名和統一政權使其法制化；到了和平的江戶時代，這種法令雖然不再以法的形式出現，但其理念殘存下來），即無論是非曲直，「喧嘩」的雙方都要受罰。沒有幕府的命令，大名們不能向領地之外的地方派送軍隊。江戶時代的太平是通過極力抑制自力救濟而實現的。

作為例外的復仇

話說回來，只要存在作為戰士的武士，單憑一條法令怎麼可能消滅他們反團體、反規定的精神？正因為武士擁有自力救濟的能力，他們才被允許武裝。在紛爭中，武士就算違背「喧嘩兩成敗」之法，也有義務去證明自己行使自力救濟的能力。在武士社會，就算做好切腹的覺悟也要雪恥；若不然，就會被指責為怯懦。

正因為如此，私戰中只有復仇是例外，江戶幕府對其採取認可的立場。在《板倉政要》這部記錄了江戶初期京都所司代的施政以及訴訟裁判的要點的書中，有一條規定是「為父母報仇的案件，無論洛中洛外，只要符合情理，不進行審判。但應注意不在天皇、院的御所附近，以及神社寺院境內發生衝突」（卷三）。認可復仇是和嚴禁私戰的政策相矛盾的，所以實際上是帶條件的許可。

條件只限於向殺害了主人，或者父母、叔伯、兄姐等上級和長輩的敵人復仇。晚輩被殺害時，其親族應當遵循正常的刑事裁判程序，申請審訊犯人。接下來，在復仇之前，武士得到主君的許可，獲得「免狀」。另外，復仇者前往別人的領地時，要通過主君向幕府的三奉行所（寺社、町、勘定）傳達允許復仇一事，並被記錄在町奉行所的復仇簿上，當事人從町奉行處領取記錄的抄本並隨身攜帶。發現仇人之時，就到當地的支配役所提交申請，獲得許可。這只是表面話，實際上沒有閒暇做完上述手續，所以是殺敵之後才報告。只要和町奉行所的記錄沒有出入，武士就不會被追究殺人的責任。

著名的復仇事件

關於江戶時代的復仇事件，我們能知道的有一〇四起以上。其中最有名的兩件，就是江戶淨琉璃坂（現東京都新宿區市谷）的復仇和赤穗事件。這兩件事都是因對藩與幕府的判決不服而發生的。

前者發生在寬文十二年（一六七二）。被沒收了宇都宮藩領地的奧平源八殺害了其父親的仇敵——宇都宮藩的前藩士奧平隼人。寬文八年，在該藩前藩主奧平忠昌的葬禮上，同為一族的奧平內藏介與奧平隼人發生口角。內藏介拔刀要砍殺隼人，卻反被刺傷了。這一天夜裡，內藏介切腹自殺了。幕府本來也讓隼人切腹的，隼人堅持說內藏介精神錯亂，不願切腹。於是幕府決定沒收隼人與內藏介的嫡子源八的領地。隼人被命離開江戶，源八也因為替父親報仇而失去立身之處，帶着四名作為監護人的親屬，離開了奧平家。不斷有人同情被流放的源八，認為這不屬於「喧嘩兩成敗」的規定範圍，處置不公平。源八一黨發誓要報復，等待了三年也沒找到機會，終於在淨琉璃坂襲擊了隼人家的七十多人，殺死了隼人。發動進攻的一方也達到了六十人，算是小規模的戰鬥。幕府的老中們經過商議，以襲擊時放火為由，決定流放源八等人，其中九人被發配到了伊豆大島。

比這件事反響更大的是赤穗事件①。無須多說，赤穗藩主君淺野長矩在江戶城持刀傷人，被下令切腹，並被沒收了領地。以大石良雄為中心的原赤穗藩士們覺得這處置不公平，便費盡心思，於元祿十五年（一七〇二）十二月襲擊了吉良的宅邸，為主君復仇。對於他們的行為，幕府中有兩種意見。有一方認為藩士們違背幕府的決定，屬於違法行為；另一方

① 赤穗事件以「忠臣藏」為人們熟知。「忠臣藏」的稱呼源自人形淨琉璃和歌舞伎的著名作品《假名手本忠臣藏》，後來發展成基於赤穗事件的各種各樣作品群的通稱。赤穗事件對當時社會的影響很大，一方面，與「忠臣藏」相關的文藝作品和演劇塑造了虛構與史實混雜的赤穗義士形象，他們被寫入教科書，也被介紹到海外；另一方面，也有不少史學家批判義士形象與史實不符。

則認為他們的行為是符合大義的。雙方進行了各種討論。最終，幕府認為藩士們結黨、持有遠程武器（弓箭）、殺害上野介這一系列行為，「從不懼公儀（幕府）這點來看，是有重大過錯的」。於是，四十六名藩士被下令切腹。關於切腹的歷史意義將在後面敘述。

戰士與奉公人之間的矛盾

我們回到《葉隱》。山本常朝列舉了鍋島藩的武士應當記住的四條誓願。第一條是「在武道上切不可輸給別人」，第二條是「主君囑咐的事情要做好」。最鮮明地表現出這兩者間矛盾的就是「喧嘩」。《葉隱》中有很多看起來相互矛盾的主張，而在上述兩條發生衝突的情況下，作為戰士的倫理應當被優先遵從的還是第一條。

作為奉公人（侍奉主君的侍者，家臣）的武士與作為戰士的武士，他們的生存方式時常是矛盾的。而對瘋狂地執着於死亡、有着捨身精神的常朝來說，這兩者是統一的。奉公也好，「喧嘩」也好，都是對死亡的瘋狂執着。當我們從奉公人武士的角度來看這種一味追求死亡的行為時，它表現為為主君捨命的「奉公」，還表現為徹底否定私心的無私無償的獻身（可以被比喻為焦慮的、不為人知的單戀）。當我們從作為戰士的武士角度來看時，它是克服對生命執着的果斷態度。所以終極就是無私，純真無雜（不摻雜別的東西，一心一意，沒有虛假）。「要認識到，所謂武士道即死亡」，這可以說是對無私捨身、純真無雜的追求。

淡泊名利者不起作用

武士道和士道都重視作為武士應有的威嚴。每個戰國武將都足以成為一城之主，這種架勢已然是武士基本具備的。武士在和朋友、同輩相處時，在精神上也會如站在自己的城池上一樣面對他們。武士道之所以重視矜持，也是因為武士的這種姿態。武士之矜持的根本在於，相互不讓一步。充滿矜持與自傲的武士意圖追求的是名利。如果武士到了超越名利的境界，那他們就不再是武士了。

山本常朝是否定私慾、渴望無私的。但就連他也說：「淡泊名利的人基本上都是在裝聖賢，只知道高高在上地批判別人，自己卻沒甚麼用。」小池喜明對《葉隱》有如下見解：「在和平年代，有必要捨命『奉公』，以達到專注於作為生計之根本的『家職』（沒有過多錯誤地履行家職）。高潔的死亡卻又意外地伴隨着世俗性，以及對世間和時代的順應性。」正因為如此，我們才會在《葉隱》中隨處看到「要想看清人心，就病一場吧」「水至清則無魚」等處世之道。

時刻準備一決勝負的武士，要想勝過他人，不一定需要靠武力壓制別人。武士重視的是精神上的優越性，並且認為，克己之人才能勝過他人。士道認為，始終堅持對人倫之道的自覺，自然就能產生壓倒別人的強大力量；而武士道則認為這種力量是在貫徹對死的覺悟時產生的。在武士道中，這種強大力量也自然地表現在容貌、語言、起居坐臥各方面上。遵守禮節也是武士的優點之一。武士社會中的尊重禮儀，並不只意味着老老實實遵守封建社會的階級秩序。

大道寺友山的武士道

提到武士道的還有一本書叫《武道初心集》（成書於享保年間〔一七一六—一七三六〕），是北條氏長和山鹿素行的弟子、兵學者大道寺友山的晚年作品。這本書以帶有儒教色彩的士道為立足點，但其論述又吸收了戰國武士的風氣，比《葉隱》的影響力要大得多。此書開篇提到，作為武士，從元旦的清晨到除夕之夜，日日夜夜都要做好赴死的心理準備，死亡是武士的最大夙願。作者在總論中又說，世人在評價武士道時最重視的是忠（對主君盡忠盡力）、義（志操堅定）和勇（剛勇的個性）這三者的極致，兼備這三種品德的才是最高層次的武士。此書還主張要絕對尊重主君，對主君稍有反駁的態度也是不可原諒的大罪，但是，若遇到與武士道之根本相關的事情，就必須通過妥當的步驟，鄭重地向主君進言。這點和《葉隱》的主張是一樣的。

四　從東亞世界看武士的思想與切腹

東亞的視角

前面總結了士道論和武士道論的代表性內容。接下來我們要思考的是，當從東亞世界的角度去看這些武士思想時，會得到一種怎樣的歷史理解。

從結論來說，對中國和韓國的思想史專家來說，武士道的奇異之處自不必說，連以儒教為基礎的士道這種武士倫理思想也是非常不可思議的，日本的讀者恐怕很難理解吧。這是為何？儒教不提倡通過法律和武力進行強制性支配，其理想是通過禮樂（廣義上的文）和詩（狹義上的文）提高人們的道德，實現社會的有序與和諧。這種思想的根本是對力量的徹底迴避。武和武人是被看不起的。這是因為作為力量的化身，武是與德相反的，並且武人「不知義理（道義與節操）」，粗野沒教養。中國有古諺說「好鐵不打釘，好男不當兵」，人們認為兵源於非漢民族或流浪的沒落農民，抑或人類的渣滓以及犯罪者。另外，在中國的傳統思想中，戰爭是不道德的。社會公認詩歌和詩人的應有作用在於，用詩歌去抑制統治者發動無用的戰爭。中唐詩人白居易作《新豐折臂翁》，稱讚了玄宗皇帝治世前期的名相宋璟，宋璟不獎賞在邊境立下戰功的人，而是極力避免無謂戰爭；白居易批判了和宋璟完全相反的、玄宗朝後期的宰相楊國忠（楊貴妃一族）。

但是，現實中的政治面對的是奔波逐利、無暇顧及教養，因此體會不到德行的庶民和夷狄，那麼無為、無政府狀態就不是儒家應走的路。天子之下，在中央與地方組織起井然有序的政府，使百官有司（有司就是差役）完備，這符合聖人所定之典章。代表力量的刑與兵也是不可欠缺的。以君子之德治國平天下的要點在於，設立刑與兵，但是不用。

從古代的漢朝起，中國就已有非常系統的官僚制。處於支配意識形態核心的是儒教，其方針是讓學習作為正統學問的儒教的有教養的人成為高官，指導政治。於是，文官優先的原則成為中國官僚制的長期特徵，並且逐漸制度化。科舉制度源於六世紀末的隋朝，在選拔輔佐皇帝執政的官僚的考試中，考生被考驗的是其儒教方面的教養。科舉是對所有人開放的選拔系統，不問出身，而是根據後天學習所得的能力來選拔。漢代和唐代的官吏選拔基本還是根據家族門第，高級官僚都由豪族和貴族佔據。但是，在唐末到五代的動盪時期，大量的貴族階層沒落，因此到了宋代（相當於日本的平安時代），科舉才終於成形。高麗和朝鮮的國家、社會制度都極大地受到中國的影響，因而也是以文人支配為基本方針的。

在日本，武是負面的麼？

日本曾位於東亞世界的邊緣，實際上自古以來，從中國和朝鮮半島學習了很多東西，從律令制這種國家制度到高度發達的思想、文化、宗教、科學技術，等等。然而，日本一直沒有採用科舉制度，對儒教的理解及其普及也並不充分。在古代，氏族制一直存在，進而是貴族制，長期保持着生命力。

日本古代的官僚制中，根據父祖的地位，貴族的子孫自然獲得一定的位階，這種特權叫「蔭位」。唐和高麗也有同樣的制度，但在日本，其適用範圍只限於親族，範圍狹窄，所以被授予的位階非常高。就連在平安時代的統治階層文官貴族中，依靠儒家精神獲得了高官之位的人也屈指可數。在日本的古代、中世社會，儒教就是儒學，主要以「博士家」這種文士之「家」的形式存在，沒能成為約束個人與社會的強有力規範。

所以，在日本這種文（儒）未確立的社會裡，人們不會對武士與武做出負面的價值判斷，也很難嘗試將其靈活地納入體制內。當然，在平安時代，日本也效仿中國，算是文官優先的社會。日本特有的「穢」的觀念產生了對殺生的忌諱，所以武力也並不是大放異彩的。但是，當時存在身非武士卻習武的文官貴族。就連倡導「戒殺生」的佛教和寺院社會，都從思想上將行使暴力的行為正當化，主動擁有武力，在行使武力時也不會猶豫。這就是現實。

近世武士與其說是戰士，不如說是統治者

不避諱武和武士的日本社會迎來了近世社會，武士名副其實地成為統治者。從十七世紀後半葉起，日本社會轉向了所謂的「文治政治」，實現了「德川的和平」(Pax Tokugawa)，軍事集團被凍結了武力。作為統治階層實際執政的是文官中的行政實務官僚，稱為「役方」，他們曾經被蔑稱為「窩囊廢」(《政談》)。近世的政權雖然是武士政權，但作為統治者的一面成了武士的主要特徵。這就迫使本來是戰士的武士深刻修正自己的性格。

於是，近世中葉以後，儒教在與各種學問、思想融合的前提下終於在社會上傳播開來。沒想到，原本是武的對立面的儒教，開始發揮促進武士意識到自己統治者身份的教養體系的功能。從這種意義上來說，利用儒教嚴格約束自己的這種武士形象，與其說是武士的真實面目，不如說是武士順應時代要求而做出努力的方向。

士道是儒教學說麼？

還有一點需要注意，不論是山鹿素行還是《武道初心集》都主張武士應當日日夜夜、時時刻刻做好赴死的心理準備。但是儒教認為，無論對主君和父親的死亡有多麼悲痛，都應

該通過禮來抑制自己，通過「性」（理）來抑制傾向於人欲的「情」。中國戰國時期的忠臣屈原，因為讒言而被逐出楚國，並且因擔憂楚國的衰落命運而投身於汨羅江。人們常常為屈原的經歷感到遺憾，就是因為上述儒教觀點。儒教最重視的是思考，通過思考而保持中庸（雖然佛教也是這樣）。急於赴死是最直言徑行的行為，只不過是野蠻人的美學罷了。「士為知己者死」只能在任俠的世界行得通（俠與儒是對立概念）。實際上，回顧歷史，很難找到那些為國家殉死的臣子。

筆者認為，其實就連日本人的歷史、思想史專家們都沒太留意到上述這些儒教的基本特徵。連素行這樣一流的儒者所提倡的士道，都並不是儒教的學說。考慮到武士飛黃騰達、成為統治階層這樣的特殊性，武士作為執政者的心得以及舉動，應當被理解成受過儒家洗練，以適應和平年代的。所以在充滿對外危機的幕末，像高遠藩的藩醫兼藩儒中村中倧這樣的儒者才會說「吾國乃武國，自然而然就有武士道。此道不借儒學之力，不用佛祖之心，是我國自然之道」（《尚武論》），強烈主張剝離武士的倫理道德中的儒教要素。

武士道欠缺廣度

前面已經說明，《葉隱》的倫理思想並沒有影響力。而且，武士道這個詞是近世之後才出現的。古川哲史從學術角度探討了作為倫理思想的武士道，他斷言，「這個詞在近世只有很少一部分人使用」。這個觀點此前是學界的通說。

近年，武家社會史專家笠谷和比古意欲反思古川氏的學說，在眾多近世著作中更廣泛地尋找武士道一詞的用法。即便如此，他的結論也是：「該詞出現頻率最多的是在十七—十八世紀。到了近世後期，武士道開始帶有道德義務的色彩，武士道論被士道論合併，因而逐漸衰落了。」

與此相對的是日本文學研究者佐伯真一，他花了大量精力研究武士精神。他指出，正因為武士道一詞是有一定影響力的，所以大家才容易誤解古川氏的觀點，如果只從該詞作為倫理思想用語的角度來看的話，古川氏的觀點是妥當的。佐伯還認為，笠谷氏認為十九世紀是武士道的衰退期，但是這個時代出現了很多極力推崇武士道的思想。

不管怎樣，到了近世中期，人們已無須面對現實生活中戰鬥帶來的死亡危險，「追腹」（殉死）也被禁止，武士社會享受着安穩。所以，那些以身為武士而自傲，擔憂世間風氣的人就會更加強調戰亂時期的武士形象，堅信自己就是那樣的。《葉隱》中「全編死」和「狂」之類的詞語氾濫，時而狂熱，時而用敏銳、細膩的語言主張無私的捨身行為。這雖然讓人覺得很異樣，但正因為在和平年代，人們才會用更激進的形式闡述死的清高，將其解釋為貫穿整個武士生活的核心，以及武士的生存方式。但是，這種提出異議的做法，只是虛幻的抵抗，在武力被一直凍結的社會上是不能持久的，衰退也是理所應當的。

切腹的歷史

切腹被認為是表現武士精神的自殺或處刑方式，也被稱作「割腹」「屠腹」「腹切」，hara-kiri ① 這個詞甚至流傳到國外。

據說切腹肇始於第一章出場的藤原保昌的弟弟保輔。他被當作「強盜之主謀」，於永延二年（九八八）死於獄中。傳聞他在被捕的時候企圖自殺，「將刀刺穿腹部，扯出腸子」（《續古事談》卷五）。

平安時代以後，切腹逐漸成了自殺的一種方式，而其真正流行開來是在鎌倉末期至南北朝時代，契機大概是下面兩件具有衝擊性的事件：元弘三年（一三三三），六波羅探題的將士在近江番場（現滋賀縣米原市）集體自殺；之後，以得宗高時 ② 為首的大量武士在鎌倉自殺。據《太平記》記載，前一事件中有四百三十二人、後一事件中有八百七十三人切腹

① 「腹切」（はらきり）的日文讀音。
② 即北條高時，鎌倉幕府第十四代執權。他在東勝寺自殺後，鎌倉幕府滅亡。

（圖四—三），或者用刀互刺對方，或者自己割下自己的首級。

在此之前，武士大多是用別的方式自殺的，比如，將刀放入口中，俯身讓其貫穿而亡。中世之後，切腹也並不是武士和男性專屬的自殺方式。再往後，還出現了所謂正式的儀法：將短刀刺入左腹，然後劃到腹部右側再抽出來，再像畫十字一樣從胸部下面切下去，最後戳穿喉嚨（根據三浦一郎的指教，切開腹部後人會向前倒，實際上要做到十字切是很難的）。

藤原保輔的那種切腹拉出內臟的做法是古老的慣例。據此，有觀點認為，祈禱者通過將生命之源的內臟供奉給神靈，向祭祀該神靈的共同體表示祈禱者真實無偽的丹心，這是切腹的本來意義，起源於山

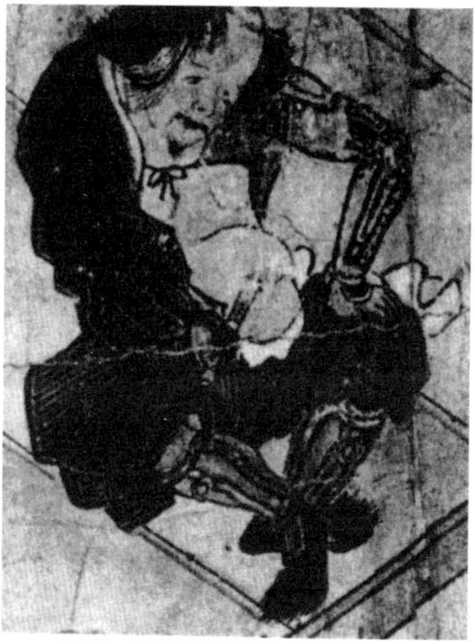

圖四—三・切腹的武士（《結城合戰繪詞》，收藏於細見美術館）

神信仰和狩獵儀式。按照這種說法，武士的切腹意味着武運已盡，直面死亡的武士向弓箭之神以及他所屬的武士集團表明最後的忠誠。鎌倉幕府滅亡時的兩次集體自殺，正是得宗的近臣集團（北條一族和得宗被官）用戲劇性的方式向得宗表達自己的忠心和獻身精神。那種慘烈的場景也可以被解釋為，近臣集團覺察到得宗專制遭到各方面的反對和憎恨，深感前途渺茫，絕望之情噴湧而出（參照第103頁）。

切腹讓人極度痛苦，也很難致死，但一直被認為是在戰場或者人前顯示自己的勇敢和真心的有效方法。大多數情況下，敗軍的將士不願被俘，因而選擇切腹，但也有切腹殉主，以及因為職務上被追責而被迫切腹的各種情況。

切腹的規矩

作為一種刑罰的切腹可以追溯到室町時代。到了江戶時代，幕府和藩將切腹定為特別屬於侍以上的上級武士的死刑方式。幕府法律規定的切腹慣例是，從傍晚到夜間這段時間內，五百石以上的武士在大名宅邸切腹，五百石以下的武士在監牢中進行。

根據《古事類苑・法律部二》所引用的各種史料判斷，前者切腹的規矩是，在庭院內一塊一丈（三米）見方的土地上鋪好沙，再鋪上兩張無邊的草席，覆蓋白木棉布或紅色毛氈等物，作為切腹之地。囚犯全身穿着乾淨的、不帶家徽的淡綠色（囚犯服裝的顏色）服裝坐下後，正副兩名介錯人出場。正介錯人報上姓名，行禮，拔刀站在囚犯背後。其餘的差役帶來用奉書紙包着的九寸五分（28.8厘米）的木刀，盛在三方（用白木製作的一種膳具）上，放到距離囚犯九十厘米左右的前方。接着，副介錯人服侍囚犯把胳膊從袖子裡抽出來，催促囚犯去取三方。當囚犯伸出手去取的那一瞬間，正介錯人揮刀斬下其首級。副介錯人取首級給檢使看，檢使陳述自己全程監督切腹，如此整個過程結束。有時會用扇子代替木刀（「扇腹」），有時也會用真正的短刀。砍下的首級和屍體會交給囚犯的遺族和家臣。

赤穗浪士切腹的情況

元祿十六年（一七〇三）赤穗浪士切腹之時，也是採取脫去衣服、伸手取脅差時被取下首級的方式。浪士們在復仇之後被交給四個藩看管，大石等人被監禁在細川氏的藩邸內。快到切腹之時，浪人們留下遺言。細川家命堀內傳右衞門為負責人。浪人奧田孫太夫詢問堀內：「我不知道切腹的規矩，要怎麼做？」堀內回答說：「我也不太清楚。聽說是把小脅差放在三方上拿給你。然後你把它拉到身邊，脫下肩衣，去取三方。」這時，站在旁邊的一些年輕的人說道：「沒必要弄這些形式，怎麼來都行，你就把頭伸出來讓我們砍就行。」堀內的話就被打斷了。奧田孫太夫擔任過藩主的近衛和江戶武具奉行的職位，拜領一百五十石俸祿，那時也已經五十六歲了。他顯然是武士，但也許因為其祖父和父親是浪人，並不知道切腹的規矩（《赤穗義臣對話》）。

之所以要在囚犯沒有拿到真正的短刀之前將其首級砍下，是因為擔心囚犯對刑罰不滿，如果拿到真刀的話會進行反抗。這種矛盾的起因是，原本是在戰鬥中出於本人意願而進行的切腹，在和平時期變成了被命令執行的、有可能遭受反抗的刑罰。因為採取自殺的形式，所以是尊重囚犯名譽的刑罰，在死刑中屬於最輕的。

明治政府最初的刑法典《新律綱領》承認了士族的自裁行為，保留切腹刑罰。但到了明治六年（一八七三），政府修改律例，廢止了作為刑罰的切腹。但在此後的軍人中，認為切腹是最適合的自殺方式的觀念仍然根深蒂固。

幕末的切腹

接下來的這個事例點綴了作為刑罰的切腹歷史的結尾。慶應三年（一八六七）十二月，朝廷宣佈王政復古，成立了維新政府。兩個月後的次年二月十五日，法國軍艦駛入堺港，登陸的士兵和擔任該地警衛的土佐藩兵發生了衝突。藩兵一方開槍殺死了十一名法國兵。

在法國方面的抗議之下，新政府決定對二十名土佐藩士處刑。處刑在妙國寺（現大坂府堺市堺區材木町）進行。當切腹的人數達到法方遇害的十一人這個數字時，在場的法國艦長離席，剩下的九人被判流放。當時，六隊隊長箕浦豬之吉等人真正地剖開腹部，露出腸子，讓介錯人行刑。據說或許是因為介錯人不熟練，砍了七刀才把首級砍掉。土佐藩方面的資料記載，法國人被箕浦等人十字切的慘狀嚇到，待不下去便逃離現場了。而切腹人數和法國一方的死亡人數一致，真相應該是法國方面從一開始就打算到此打住吧。

在這次事件前不久的正月十一日，在神戶的居留地（現兵庫縣神戶市中央區）附近也發生了神戶事件，岡山藩兵開槍打傷了擋路的外國人。維新政府向外國使臣謝罪，還讓該事件的當事者瀧善三郎切腹，以求息事寧人。作為刑罰的切腹本是斬首刑，但在神戶事件中，為了展示日本武士的意志和怨念，讓因犯正式地切腹，採用了深度切開腹部的十字切方式。堺事件受到了神戶事件的影響。箕浦用手抓起從自己腹部漏出的腸子，舉起來，大聲斥責法國艦長。櫻田門外之變發生後，隨着政治對立的激化，暴力事件和恐怖事件頻頻發生，砍殺事件劇增。在這種情況的刺激下，十字切得到了宣揚，切腹本來所具有的悽慘場面愈加顯眼。

同年三月十五日是新政府軍決定對江戶城發動總攻的日子。事實上在前一日，勝海舟和西鄉隆盛之間已經達成無血開城的協議。然而在這一天，歷任江戶時代後期和末期的大坂奉行、勘定奉行、外國奉行等職位的旗本川路聖謨用手槍自殺了。他因為中風而隱退，覺得半身不遂的自己是無法通過切腹來了斷性命的，便淺淺地割開腹部，拿起平日愛用的手槍，將槍口對着喉嚨，扣動了扳機。從這種死亡方式我們可以看出，破格升遷的能幹官員在為幕府殉死的時候，會想方設法地實現切腹自殺的形式，這展現了身為武士所具有的強烈感情。

三島由紀夫的切腹

最後，我們必須來看看三島由紀夫的切腹自殺。一九七〇年（昭和四十五年，下文在《日本國憲法》實施以後的年份用西曆表記）十一月二十五日，三島由紀夫在東京的陸上自衛隊市谷駐屯地呼籲自衛隊為了修改憲法而「決起」（發動政變），之後切腹自殺。和他一起行動的還有其私人武裝團體「盾之會」的四名成員。

從以戰前的「二二六事件」為題材的《憂國》（一九六一年刊行）開始，三島強烈意識到天皇的存在。但他意識中的天皇不是受近代官僚制限制的明治憲法下的近代天皇，而是美之總攬者，包含「菊與刀」兩方面的、作為文化概念的天皇，是混淆了美學且不符合時代的概念。三島的家庭是三代精英官僚世家，但其祖父沒能升任大臣就失勢了，父親沒有作為和魄力，而三島本人也在進入大藏省九個月之後就自願離職了。三島的祖母是在幕末做過若年寄的永井尚志的孫女，是個沉浸在風雅和傳統藝能的世界中的人。她把年幼的三島從其母親身邊奪走，並且溺愛三島。這種異常的家庭環境是三島形成這種思想的原因之一。

三島對《葉隱》非常入迷，以武士自居，私淑於對明治新政府不滿的熊本的復古主義團體神風連。明治九年（一八七六），政府公佈了廢刀令。以此為契機，神風連舉兵，襲擊了兵營和縣廳。出於國粹主義的立場，他們避諱洋式兵器，只使用大刀、槍、長刀之類的武器，所以第二天就被使用步槍的鎮台兵輕而易舉地鎮壓了。

三島在自殺之前，為了讓人們聽到自己的演說，抓了東部方面總監作為人質，使得市谷駐屯地的自衛官聚集到了本館前。八名幕僚想救出總監，但被三島用自帶的類似軍刀的日本刀砍成重傷和輕傷。三島在二樓陽台進行了大約十分鐘的演講，呼籲「自衛隊用自己的力量來修改憲法」，之後運氣使勁大吼一聲，用短刀切腹。擔任介錯的是「盾之會」的會員森田必勝，他用太刀砍了三次才將三島的首級砍落。之後森田也切腹，由別的會員擔任介錯，一刀就砍下了首級。

據說，在三島肚臍下方四厘米處，從左往右，有長達十三厘米的傷口，深度有四—五厘米，小腸漏出腹部之外達五十厘米左右。另外，介錯的一刀砍到了他的下巴，大臼齒碎裂，幾乎咬斷了舌頭。據說介錯使用的日本刀叫「關孫六」，此前刀的根部和刀尖就已經有很大的損傷。事件之後，刀刃有四十多處受損，還有三處彎成了S狀。剩下的「盾之會」成員在事件後的審判中「主張這是遵循武士之情和武士道而不得不做的行為」，但檢察官認為：「介錯是斬人首級的行為，屬於一種殺人方法，僅僅是奪取別人性命的行為。」（第十六回公判「諭告要旨」）

這次事件包含了特殊的主張和離奇的行為，不僅給日本社會帶來了巨大的衝擊，就連海外也對這位國際知名作家的行動驚訝不已。

隨着時代的不同，武士的精神史也有很大的變化。最大的原因在於，中世之前和之後的社會構造和主從制度發生了巨大變化。國內的和平穩定也是重要原因之一。這正是他們在社會上的存在形態決定了他們的意識（卡爾・馬克思）。

第五章

誕生於近代日本的「武士」
——膨脹的虛像

一　武士成為軍制改革的絆腳石

黑船來航和軍事實力的差距

江戶後期，外國船隻頻繁來到日本，向日本施壓，要求開國。特別是清國在鴉片戰爭（一八四〇—一八四二年）中輸給英國，這一結果對日本的衝擊非常大。清國被迫簽訂不平等條約，答應割讓香港島，開放上海等五處港口以及支付賠償金等。這成為中國半殖民地化的起點。以強大的軍事實力為背景，資本主義列強將目標轉向日本也只是時間問題。

嘉永六年（一八五三）六月，佩里艦隊來到浦賀沖時，幕府沒有實力去阻止。次年的嘉永七年正月，佩里再次率領強大的艦隊來到日本。幕府與其簽訂《日美親善條約》，實行開國。佩里艦隊展現了彼此軍事實力上的懸殊，幕府不得不採取避戰之策。未曾戰鬥就屈服於西洋的軍事實力的現實，成為幕府邁向軍事改革的決定性契機。

安政軍事改革

同年七月，老中阿部正弘開始了所謂的「安政軍事改革」。他讓提倡強化海防和攘夷的水戶藩主德川齊昭參與幕府的政務，設立講武場（之後的講武所），用作旗本和御家人等學習兵術的地方。在這裡的兵式訓練中，炮術變成了西洋式的。因此，武役的番方要想出人頭地，就必須像練習其他武藝一樣，去學習西洋炮術。在安政時期，旗本履歷書上必須寫上向誰、在哪裡學習過炮術。次年的安政二年（一八五五），湯島鑄炮場開始製作西式步槍。

幕府也開始加急建立海軍，在荷蘭的協助下在長崎開設了海軍傳習所，以培養海員。不僅讓旗本，還讓各藩的有志之士來此學習。安政四年四月，築地的講武所內開設了軍艦教授所（後來的軍艦操練所），神戶也建了海軍操練所。沿岸的警備也在完善，在江戶灣和大坂灣建了炮台，函館建了五棱郭，以防範外國船隻。

文久軍事改革

阿部死後，井伊直弼就任大老，一時間停止了引進西洋式軍備。但在文久二年（一八六二），在將軍監護人德川慶喜的指揮下，以建設西式軍隊為目標的軍事改革開始了。本來打算將陸軍、海軍分開，設置由譜代大名擔任的總裁（相當於元帥）和奉行（相當於中將），再在其手下組編常備軍。但因為財政上的理由，只能暫且不設海軍，先設目前能實現的陸軍，並且只能從直屬的近衛戰力的整備開始。構想是設置步兵、騎兵、炮兵三個兵種，主力是步兵中的重步兵，由十六大隊組成，約六千四百人（一大隊四百人），加上裝備米尼步槍（前膛來福槍）的輕步兵，總共約八千三百人。重步兵從各旗本知行所的農民中徵召，其餘的兵種則分別從與力、同心、小普請組（由俸祿三千石以下的、沒有職務的旗本和御家人編成的組，多為老幼病殘或者因罪被免職的人。這些人被看作所謂的無業遊民集團）的下層中徵召。還設置了相當於士官的新職位，讓在講武所進修過的旗本家的次子、三子有得到提拔的機會。

之前的安政軍事改革既鼓勵武士進行西洋炮術的訓練，也着手將至今仍裝備弓箭、長柄槍和火繩槍的足輕部隊西洋化，所以和之前的軍制相比沒有太大的違和感。但是文久軍事改革模仿歐美近代的（官僚制的）軍隊制度，徵召農民和不能直接會見將軍的武士階層，創設了步、騎、炮三兵。因為這對既有的軍制影響頗大，所以沒法從之前的軍團構成着手，只能在其外部進行組織。

軍事改革瓦解了武士身份

通過這些改革，弓術、縱馬以弓箭射犬之術、柔術、游泳等以前的武藝被廢除，刀和槍在戰鬥力上也失去了價值。對大炮和步槍的改良和發展，特別是步槍的輕量化和普及提高了步兵的價值，讓他們通過短時間的軍事訓練就能轉化為戰鬥力。文久軍事改革將一部分旗本步兵化，而在接下來的近代，則開始從國民大眾中徵召一般士兵。

本來，武士在藩內的地位決定於他們在家老或侍大將所率領的各部隊中處於哪個位置，而這又表現為承擔與俸祿相符的軍役而出征時，根據主從制、身份制編成的隨從（包含很多非戰鬥人員）人數的多少。這種地位在和平年代就固定成了家族的家格，也和藩內的日常行政職務相對應。在近世，身份和行政組織等政治制度是以軍制為基礎的，所以，軍制改革，最終必定導致由主從制組織起來的軍團的瓦解，以及政治體制的改變。呼籲武的重要性和緊急性，以及逐漸進行的軍制改革，卻產生了意想不到的結果，反而威脅到武士身份的存在基礎。

反過來說，在幕末這個西洋文明的優勢已經非常明顯的時期，幕府卻未能踏出全面改革軍制以實現軍隊西洋化的一步，是因為這牽涉到否定以幕府為頂點的舊體制。在第二次長州征伐中，幕府敗給成功實行了以奇兵隊（不拘泥於身份而重視實力，廣泛從農民和町人中徵集有志之人的非正規軍）為中心的軍事改革的長州藩，這不是沒有理由的。之後幕府也繼續實行了軍制改革，只是在看到成果之前，幕府自身就已經崩潰了。

二　作為士族政權的明治政權

明治維新與士族

明治維新是將幕藩制國家轉向近代天皇制國家的革命。關於其開始和結束有諸多說法，而通常的說法是：前半期從開港到慶應三年（一八六七）的大政奉還、王政復古，以及從明治元年（一八六八）到次年進行的新政府軍與舊幕府的戰爭（戊辰戰爭）為止；後半期則經歷了廢藩置縣、秩祿處分、地租改革等各種各樣的大型改革，到明治十年（一八七七）的西南戰爭為止。總之，明治維新是對在日本創造出近代國家的一系列過程和時期的總稱。

明治國家是以王政復古的形式成立的。以天皇親政為口號，採用模仿律令制的太政官制度，將立法權、行政權、司法權、軍事權集中在作為中央政府的太政官手中，實行專制體制。但因為近代化勢在必行，結果成了在復古的形式下不斷地實行否定舊體制的改革。廢除封建身份制度就是其中之一。首先，伴隨着明治二年的版籍奉還，藩主和家臣之間的主從關係解除了。取而代之的做法是，將藩主和公卿一併稱為華族，將各藩從藩主同族以下到平士階層（上士的下層，普通武士）的武士全部稱為士族，再往下的則根據多年的習慣稱為卒。同年十二月，舊幕臣也得到了士族的稱號，同時，沒有拜謁將軍資格的人則作為卒，位於士族之下。之前的「農、工、商」被一併稱為平民，被允許使用姓氏（苗字），也得到與華族、士族通婚以及選擇住所和職業的自由。這就是所謂的「四民平等」。

明治五年實行了統一的戶籍編纂（壬申戶籍），以華族、士族、平民這種新的族籍為標準。當時，各藩對於區分士與卒的標準並不統一，為了解決這個問題，廢除了卒，將「世襲的卒」編入士族，將「原為平民、僅一代為卒者」編入平民。這些身份制度改革雖然只限於男性，但形成了擁有相同義務的「國民」。據統計，明治六年正月的士卒合計四十萬八千八百二十三戶共一百八十九萬二千四百四十九人，華族二千八百二十九人，平民三千一百一十萬六千五百十四人，其餘身份（僧侶和神職等）的有二十九萬八千八百八十人，總共三千三百三十萬六百七十二人。

士族特權的廢止

近世大名及其家臣團的俸祿作為家祿持續了一段時間，但版籍奉還後開始分階段地逐漸削減。隨着廢藩置縣的實施，家祿和賞典祿（給在王政復古、戊辰戰爭中有功勞的人的俸祿）等秩祿由明治政府取代藩來支付。因為這部分支付的額度巨大，明治六年（一八七三），政府制定了秩祿奉還的法令，先向自願者停止支付秩祿，取而代之支付現金、公債。接着，明治九年，政府公佈條例，根據俸祿額，給所有領取秩祿的人發放金祿公債①證書，終結了秩祿支付。這被稱作「秩祿處分」。這是一種激進的改革，強制性地沒收作為士族特權的俸祿，將其置換成帶期限的、只能得到極少利息的公債。

徵兵令和廢刀令

就這樣，士族的特權被逐漸廢止，經過明治六年的徵兵令和明治九年的廢刀令，他們甚至失去了軍事上的壟斷地位。前者是基於前一年的《徵兵之詔》和《徵兵告諭》。山縣有朋等人根據幕末的經驗和對歐洲制度的借鑒制定了《徵兵告諭》，其中寫道：「然太政維新，列藩奉還版圖，及辛未之年，遠復郡縣之古（中央集權制），許世襲坐食之士減其祿，脫刀劍。四民漸得自由之權，是平均上下，齊一人權之道，則兵農合一之基。」可以看出，這是「遠復郡縣之古」即採取復古的律令制度但同時達成四民的人權平等的方法。雖然這是為了

---

① 明治政府廢除舊俸祿制度時對華族、士族採取的秩祿處分中的最終措施，於一八七六年發行（參照《新世紀日漢雙解大辭典》）。

讓庶民接受徵兵令，但其中對武士時代的嚴厲評價耐人尋味：「固後世帶雙刀，稱武士，抗顏坐食，甚至殺人而官不問其罪者。」早期還有各種各樣免除兵役的規定以及代人制。明治二十二年（一八八九）的重大修正後，確立了國民皆兵的原則。

廢刀令是禁止軍人、警官和穿大禮服者之外的人帶刀的法令。政府已在明治三年十二月禁止庶民帶刀，接着明治四年八月發佈散髮脫刀令，主張散髮（即披散頭髮）和不帶刀自由，促進打破舊俗風氣。但因為不是強制性的，依舊有很多士族帶刀。於是，隨着徵兵令的施行，政府發佈廢刀令。除了穿着制服的時候，所有人都被禁止帶刀，所以近年來這一法令被稱為禁止帶刀令。

統治階層在毫無抵抗的狀態下失去了既得權利。這種廢止各種特權的事例從世界史的角度看也是罕見的。當然，也有對明治政府這些沒收特權的政策持批判態度、感到不滿的士族。以明治七年的佐賀之亂為開端，到兩年後的神風連之亂、秋月之亂、萩之亂，士族叛亂不斷發生，一直持續到明治十年的西南戰爭。西南戰爭中，由於西鄉軍的敗北，士族叛亂停止了，取而代之的是已經開始的自由民權運動。推行近代化的主體曾經是大久保利通、木戶孝允等薩摩、長州等藩的政治家，但他們的專制被自由民權派批判為官僚專制。因此，他們不得不接受民權派的要求，即制定憲法，開設國會。隨着內閣制度的建立（一八八五年）、《大日本帝國憲法》的制定（一八八九年）、國會的開設（一八九〇年），天皇中心主義和議會制在矛盾中結合，獨特的立憲君主制國家成立了。

明治政權是士族的政權

士族在明治政府的統治機構中所佔比例很高。明治政府的官吏任用制度始於明治二年（一八六九），定下了敕任官、奏任官、判任官之別。在敕任官中，由天皇親自任命的又被特別稱作親任官。親任官、敕任官、奏任官被稱作高等官，是上級（特權）官僚。如果把他們比作當今國家公務員中的職業官僚，那麼判任官則相當於非職業官僚。

園田英弘根據明治十四年的《日本帝國統治年鑑》指出，士族有四十二萬五千六百五十八戶，與此相對，由中央、府縣道的文武官、司法官、警察官、監獄官、技術官組成的官吏總數是七萬八千三百二十八人，其中五萬二千零三十二人是士族，同時，郡區町村的官吏總數達九萬二百六十六人，其中一萬五千五百二十四人是士族。也就是說，中央、府縣道的官吏中士族佔了近 70%，即便是在包括郡區町村官吏的所有官吏中，士族也佔了約 40%。這些數據不包括擔任小學教員的士族，據推定約有三萬人，若是加上的話可以推算出，擁有官職的戶數佔全部士族戶數的 23%，在士族人口中，至少 4%—5% 是帶官職的。由此可見，明治政權實質上是士族的政權，是舊武士的政權。

士族的名譽意識

但是，雖然明治政權是士族的政權，其實施的政策卻是剝奪武士的社會特權，完全廢除其經濟特權——家祿，只留下一些金祿公債。一部分士族階層苦於每天的生活，甚至都放棄了那部分公債。為了救濟失去工作的士族，政府或府縣實施了獎勵他們向農、工、商轉行的政策，叫「士族授產」，投入了大量的援助金，但是很多士族的創業都失敗了。正如「士族的商法」一詞所表達的，士族因為其高傲的態度，以及缺乏經營觀念，很多時候都不適合經商。但是，以士族這一族籍為指標的社會集團卻很難解體。士族這一族籍被賦予了和平民不同的名譽意識。不用說士族叛亂中作為叛軍一方的「武士意識」，就連鎮壓者一方的政府首腦中也有固持保守立場，因擁護士族特權而在大久保政權內被孤立的人。那就是木戶孝允，到明治四年的廢藩置縣為止，他曾是最激進的開明派人士。

士族偏好成為官吏

從武士被編入士族的人，因為失去了社會上和制度上的特權，不得不重新開始職業生活。如前所述，對他們來說最有魅力的職業，是伴隨着武士階層的解體而產生的官吏。

現在的公務員，從憲法上說，「都是為全體服務，而不是為一部分人服務」，其選舉和罷免是「國民固有的權利」（《日本國憲法》第十五條第二項、第一項）。與此相對，對於戰前的官吏，《官吏服務紀律》（規定官吏的服務義務的敕令，明治二十年（一八八七）第三九號敕令）第一條中規定：「所有官吏都對天皇陛下及天皇陛下的政府忠順勤勉，遵守法律命令，各盡職責。」現行憲法中的「不是為一部分人服務」這句話，包含了對為天皇服務的官僚制度之弊害的反省。

成為官吏不會損害武士的名譽意識。這是因為官吏擁有類似俸祿制度的、定期得到薪水支付的生活，並且被看作距離天皇和國家很近的階層，這些都是和武士相通的特點。如果關注各族籍階層每一萬人中培養出了幾名官吏這個比例（輩出率），則可以發現：明治七年（一八七四）的士族中有64.1人、平民中有0.7人成為官吏；明治三十一年（一八九八）的數據是士族136.4人、平民4.6人。這兩者間的差距之大就不用說了，筆者想提請注意的是，明治時期越往後，士族中成為官吏的人數就越多。

成為警官、軍人的選擇

除此之外，對士族來說有魅力的職業還有警官、軍人和教員。這些職業不會損害他們作為武士培養起來的名譽意識，依靠接近俸祿的、將威信和報酬序列化的工資體系，並且能夠維持生計。以警官為例，據說明治十三年（一八八〇）的警官總數二萬五千人之中有八成左右是士族。從輩出率來看，士族一萬人中有一百人是警官，而平民中只有1.5人，差距非常大。而且對於原本就壟斷了武這種職業的士族來說，他們會有一種這是自己應許之事的職業意識。

官吏、軍人、教員等職位伴隨着由位階和功勳等級代表的公共威信，對學識教養方面有要求，是「新型的靠俸祿吃飯的人」。士族除了選擇這些職業之外，還有一個選項。儘管經濟上並不算豐裕，但有人特意決定做一個「無業人員」。但是，他們並不是根據不同的價值觀而選擇出路的。倒不如說，這兩種類型的共通之處在於都重視「社會名譽」，正因為認為「靠俸祿吃飯」的生活有很高價值，才會既有一些人成了成功者，也有一些人因為名譽意識的心理障礙而挑剔職位，結果成了「無業人員」。

武士的生活方式頑固地存續下來。在士族的婚姻和繼承中，像選定配偶和養子這種日常生活中的社會關係是不可能輕易改變的。至少在舊藩士的卒族集團內，從上級武士到下級武士的威信秩序，並沒有輕易坍塌。

士族與學歷社會

比起平民，士族家庭的長子就讀上級學校的比例更高。其中包含了士族們強烈的傳統意識，以長子的單獨繼承制為前提，他們想盡方法去維持自己家族的威信與體面。在明治二十年至三十年之間，官吏的選拔遵循學歷主義，在社會階層的上升路徑中，學校制度起了決定性作用。原則上，武士文武兼備，所以相對來說他們本來就容易適應學歷社會。當時，根據被認為比較偏向非士族的、「庶民性」比較高的千葉縣立中學的畢業生升學就業數據，我們可以發現明治四十年以前的士族學生有以下特點：（1）有忌諱從事實業的傾向；（2）有志於從事官吏和軍人等有公眾威信的職業；（3）到官立上級學校的升學率很高；（4）為了升學到上級學校而做「浪人」已經成為常識。由此可知，在利用學校教育這一點上，士族和平民的差別很大。

第四個特點之所以可能，是因為他們生活寬裕，有較高的經濟實力作為保障。儘管在明治時期喪失了經濟特權，但越上層的舊武士階層越能維持富裕的生活。所以他們才能利用教育機會，實現向學歷精英的轉型。身份低微的家庭的子弟夢想出人頭地而上學，這樣的例子想來也是存在的，但實際上數量很少，不過是例外罷了。在明治時期有機會享受高等教育的士族主要出身於中上層武士，包括數百石、數千石俸祿的武士家系，他們化身為明治國家新的精英階層。

大正三年（一九一四）修改了《戶籍法》，身份登記制度被廢除。所以，之後的士族稱呼只能表示該家族過去是武士這一事實。這種狀況一直持續到戰敗後的一九四七年（昭和二十二年）全面修訂《戶籍法》為止。

到此，我們參考歷史社會學的研究成果，看到了士族的職業選擇的狀況和結果。正因為特權被廢除，他們選擇了進入明治國家的新統治階層這條路。我們也要看到這一面，明治政權之所以是帶有武士性質的政權，是因為那些投身於維新革命，在新政府成立後成為政府指導者的政治家大多數都是武士出身。在明治國家成立後，廣大士族階層進入統治機構內部，佔有壓倒性的比例，取代將軍和藩主，作為新的主人，擁護天皇和國家，支撐起政權。

富國強兵

恢復國家自立（修改不平等條約），實現強國並與歐美列強為伍，這是明治政府的目標。為此，政府在積極吸收西洋文明的同時，也追求增強經濟實力和軍事實力。最能體現將這一點作為國家目標的是「富國強兵」這一口號。富國的基礎在於工業實力，為此，政府採取了「殖產興業」政策。同時，政府認為創建近代軍事力量能夠實現富國，因而格外重視，採用國民皆兵主義，推行以槍炮為中心的軍隊建設。隨着徵兵令的公佈，用於內戰或者防禦外敵的東京、仙台、熊本等六鎮台制得到整備，政府依靠這種制度獲得了西南戰爭的勝利。

統帥權的獨立

明治十一年（一八七八）八月，發生了近衛炮兵的叛亂，即「竹橋事件」。於是政府以陸軍卿的名義發佈了《軍人訓誡》。自由民權運動的影響波及軍隊內部，明治十五年正月，發佈了《賜予陸海軍軍人的敕諭》（簡稱《軍人敕諭》）。一直到一九四五年因戰敗而解散軍隊為止，《軍人敕諭》都被當作確立軍人精神的絕對規範，表明了天皇親率軍隊、和政治無關、對命令絕對服從等原則。當時，陸軍是法國式，海軍則是英國流。而在明治十八年到二十一年（一八八五—一八八八）期間，為了建立外徵軍隊，實行軍制改革，陸軍轉為德國式，將鎮台制改成師團制，以增強實力。這是因為，為了出國作戰，有必要增強機動力和後方部隊的編成，集中運用兵力。

明治十一年（一八七八），原本是陸軍省外局的參謀局被廢止，政府設置了獨立的參謀本部，其部長（山縣有朋）直屬天皇，和陸軍卿並立。參謀本部遵循《軍人敕諭》的原則，在軍隊統帥（軍令）方面發展成輔佐天皇（大元帥）的機關。另外，決定設立參謀的培養機關陸軍大學校，於明治十六年（一八八三）在參謀本部內建校，還雇用了德國陸軍將校。在帝國憲法發佈後，統帥權也從一般的國務中獨立出來，最終，陸海軍脫離了政府的制約，發展成具有很強自立性的一大政治勢力（軍部或者軍閥）。《軍人敕諭》裡「和政治無關」的原則，成為軍隊抵制政治干預的依據。

三 《日本戰史》的編纂

戰國合戰與《日本戰史》

我們如何能夠知道發生在遙遠過去的戰爭，比如戰國時代的合戰的具體情況呢？我們很快會想到歷史小說、電影和 NHK 大河劇等。但這些作品有沒有基於史實的學術依據呢？這是我們需要思考的。日本的古戰史研究的先驅和代表是全十三卷的《日本戰史》。這是從明治二十二年（一八八九）到大正十三年（一九二四）的編纂事業的成果。

直到早些時候為止，歷史研究者出於對戰前軍國主義的反抗，對戰爭史研究沒甚麼興趣，更準確地說是有忌諱的傾向。《日本戰史》雖然陳舊，但已在當時的條件下，網羅史料，幾乎對戰國時代所有著名的合戰都進行了詳細敘述。所以，直到最近，歷史小說家就不必說了，就連歷史研究者，不管是否願意，都常常參考《日本戰史》來敘述戰國時代的合戰。

負責《日本戰史》的編纂和刊行的是陸軍參謀本部，他們是和戰略、戰術相關的專業集團，其中負責推進該事業的是參謀次長川上操六。

川上負責為日清戰爭做準備而進行的軍制改革，致力於充實軍令系統的功能和權限。

明治十七年（一八八四），他隨陸軍卿大山岩前往歐洲，歸國後晉升少將，成為參謀本部次長。明治二十年，留學德國，明治二十二年擔任參謀次長（他的上司總長是皇族，所以次長實際上統轄參謀本部），次年升中將。他還是制定日清戰爭作戰計劃的中心人物，帶領日本獲得了勝利。

川上在德國留學時，從四月中旬到次年三月一直學習有關戰術的內容，之後，參加每週兩次的「從古至今的戰術變化」講義。這種經驗引發了川上編纂正式戰史的熱情，他回到日本後便開始了《日本戰史》的編纂。

參謀本部這個概念形成於拿破崙戰爭後的普魯士王國。一八一六年，普魯士的參謀本部內部創設了正式的戰史課，取代歷史學者來進行正式的戰史編纂，研究古今的所有戰爭。把參謀本部當作軍隊的頭腦，將其培養成指導戰爭的最高統帥、策劃機關的是元帥赫爾穆特·馮·毛奇（Helmuth von Moltke），他是普魯士的軍人，在普奧戰爭、普法戰爭中取得大勝，為德意志的統一做出了巨大貢獻。

橫井忠直的參與

負責《日本戰史》編輯與執筆的中心人物是橫井忠直。他於弘化二年（一八四五）出生於豐前的儒醫之家，在漢學塾學習過。明治三年（一八七〇），他到京都府任職，被提拔為學務課長。明治十三年（一八八〇），在友人的勸說下上京，被推薦為陸軍省御用掛①；明治十五年（一八八二），補任為參謀本部課僚；明治十七年（一八八四）兼任陸軍大學校教授；明治二十三年（一八九〇）被任命為陸軍編修。他除了專注於古戰史的編修，還參與了西南戰爭、日清戰爭和日俄戰爭的戰史編纂。明治四十三年（一九一〇），他辭去官職，但仍被委託與編修相關的事務，繼續從事執筆工作。大正五年（一九一六）去世。

據說橫井撰寫了從第一次發行的《關原之戰》（一八九三年刊行）到《山崎之戰》（一九二〇年刊行）為止的十二卷。其內容以《關原之戰》為例，「本編」按照時間順序敘述了戰局的推移，「文書編」則刊載了關於戰役的史料，「補傳編」收集了和戰役相關的猛將、勇士的言行，以及烈婦（堅守貞操、氣性剛烈的女性）和忠僕（忠於主人的下人）等的事跡。除此之外，還製作了附圖、附表。這種形式在當時非常新穎，其內容還包含了對通說的批判。《關原之戰》中列舉的日本戰史編纂委員有兩名陸軍校官和橫井忠直，還有兩名編修書記。編修書記作為橫井的助手，負責實際操作。

① 宮內省及其他役所任命的、負責某一事務的職位及其人。陸軍省御用掛即負責陸軍省事務之人，後文出現的海防掛即負責海防事務之人。

具體編纂過程

二〇〇一年，筆者為弄清《日本戰史》的編纂過程，前往防衛廳（當時的名稱）防衛研究所，閱覽了舊陸軍相關史料中的《參謀本部大日記》（將發佈的文件的備份與收到的文件按照日期先後順序裝訂成很厚的一冊。每一年都分天、人、地三冊），結果知道了川上在回到日本並就任參謀次長的明治二十二年（一八八九）九月，編纂就已經開始了，但正式啟動還是在稍晚的明治二十四年六月之後。在那之後，第一次發行的《關原之戰》的編纂是一氣呵成的。

《參謀本部大日記》中和編纂相關的史料部分是從明治二十四年度開始的，明治二十五年至二十六年期間有大量的文件保存了下來。其中一部分是參謀本部副官部與帝國大學史料編纂科（現東京大學史料編纂所）之間關於史料借用與返還的文件。

根據帝國大學文科大學教授、史料編纂科事務主任三上參次的回憶，明治二十三年、二十四年後，橫井為了尋找《日本戰史》的材料屢次造訪史料編纂科。於是編纂進展飛速，明治二十五年十二月，奉命負責印刷與銷售的公司已經向參謀本部請求，許可在報紙上刊登預約購買的廣告。這種嘗試說明，他們對《日本戰史》的定位不只是軍部內部傳閱的圖書，還試圖在市場上銷售，獲得廣泛的讀者。

出版宗旨書

參謀本部製作戰國戰史的理念與戰史觀是怎樣的呢？

接近《關原之戰》刊行的明治二十五年十二月，以川上的名義（實際上可能是橫井執筆）在《關原之戰》一卷的開頭刊載了〈日本戰史緒言〉，相當於編纂事業的出版宗旨書。

值得注意的是，川上在其中寫道，「我們嘗試寫一種符合兵學的敘述，但當時的歷史書中根本沒有一條詳細記錄了我們今日所急需的內容。因此，它們對於編修一部事無巨細的、詳述完整的戰史是沒有用的」，儘管如此，他們還是用盡一切手段編纂了這部書。可以認為，他們得到帝國大學等方面的協助，在當時的水平下已經盡可能地收集了史料，但他們依舊斷言沒有得到對兵學有用的詳盡的內容。儘管如此，他們還是說戰史的編修順利完成了，包括「與兵學相關的記述」。

這份宗旨書相當於在坦白說：「我們『廣泛地收集了材料』，但從兵學的角度來看並沒有有用的史料，但是又不得不撰寫戰史，所以，對於史書上沒有明確說明的地方，我們特意根據自己的判斷進行了深入敘述。」這種判斷的依據是甚麼？是「某位武將在戰場上一定是這種心態」的推測，以及分析史料的敘述者擁有的戰術眼光和用兵知識吧。「我們以此為依據，將戰鬥的各種局面進行了積極的重組。」川上寫的這段話，追根到底就是上述意思。

戰史敘述的困難之處

戰鬥本來就是變化莫測的動態的連續，所以要客觀地記錄戰鬥，本身就是困難的，更不用期待當時的史料會記錄將士們的心理狀態了。舊陸軍將校，後來擔任陸上自衛隊幹部學校教官的淺野佑吾斷言道：「指揮官在怎樣的心境下下定決心，發佈命令？殺傷與毀壞造成的精神恐慌是怎樣的？如何把握這些問題，對撰寫作為教養書的戰史的人來說是最頭疼的事情。這是處於歷史事實和文學虛構的交接處的研究難點。」他指出，撰寫戰史常常會被文學的虛構性所誘惑，從科學的觀點來看的話，這是相當危險的思想活動。這點是極其重要的。

更進一步來說，《日本戰史》的編修者在對某次戰鬥進行研究和分析時，一開始就擁有關於戰術與用兵方面的知識。而在戰國時代，這些知識當然要經過樸素的調查研究的不斷積累才能獲得，所以編修者的知識不可能代表戰國時代的知識，而基本上都是明治陸軍的戰術眼光和軍事知識。並且，包括組織軍隊、招募士兵的方法，補給，對戰死者和傷員的補償等各種應對及其他方面，近代國民國家體制下的明治軍隊和戰國時代的軍隊當然完全不一樣。明治中期，對於中世到戰國時代的社會經濟方面的學術性研究還完全沒有展開，《日本戰史》也完全沒有注意到這些方面。

《日本戰史》是擬古物語

說到底，我們從〈日本戰史緒言〉中可得出的結論是，《日本戰史》是一部用近代軍隊的視角和標準去撰寫的戰國戰史。實際上它不可能成為戰國戰史，而是只在戎衣（盔甲、軍服）和武器上帶有古風的、從近代野戰類推出來的架空戰史。

這一事業的總負責人川上和在現場作業的橫井在這個主題上的知識水平和方向都不一樣。雖然橫井自己並沒有受過正規的將校教育，但他通過自學和多年從事戰史編纂的經驗，以及觀看陸軍特別大型演習之類的活動，肯定養成了相當於專業軍人的戰術知識和對於地形的判斷力。

從這層意義來說，筆者認為《日本戰史》是近代軍人眼中的擬古物語。其背景如下：在日本的近代史學搖籃期，擁有大局觀的軍事史還未扎根；軍隊在轉型為以對外戰爭為目標的過程中，為了壓制反對出戰的陸軍少數派，其中一個措施就是禁止軍人自由地進行兵學研究；在這時形成的軍人世界裡，戰史就只能被理解成偏向於戰術與精神力的戰鬥戰史。

如同親眼見過一般撒謊

因無法得到正確且具體的戰鬥相關史料，《日本戰史》就依靠江戶時代那些以娛樂為目的的軍記物語和軍談等作品，勉強地寫出了架空的戰史，結果扭曲了國民的歷史意識，成了很大的問題。正如第三章所述，在長筱合戰中，織田軍動用大量的火繩槍，通過三段擊的方式將武田氏的騎兵隊打得粉身碎骨——這種被選入歷史教科書的「新戰術」和錯誤的歷史常識，是由明治三十六年（一九〇三）刊行的《日本戰史・長筱合戰》創作出來的。除此之外，織田信長在桶狹間①的奇襲中大破今川義元的大軍這種通常說法現在也被證明是不符合事實的。

另外，根據最新的研究成果，被認為決定了關原之戰勝敗的小早川秀秋的倒戈，從可信度高的史料來看是毫無根據的。之前的觀點認為小早川一直在猶豫是否要追隨「東軍」，直到家康開始放槍催促，到了正午時刻他才終於背叛「西軍」。真相是，在開戰時小早川就已經倒戈，正打算佈陣的石田三成一方瞬間全線崩潰。所謂戰況激烈，一直到中午都勝負不分的說法，是江戶中期以後的軍記物語作者的創作。並且，據說《日本戰史・關原之戰》

① 尾張國田樂狹間（現愛知縣豐明市）。永祿三年（一五六〇）織田信長在此對今川義元發動奇襲。

刊載的兩軍佈陣圖與江戶時代描繪的每個佈陣圖都不像，怕是參謀本部自己畫的吧。

戰史誤導了戰爭

更嚴重的問題在於也許戰史讓近代軍人犯下了愚蠢的錯誤。這種在近代軍人的立場上誕生的架空戰史，束縛了近代作為領導者的軍人的思考與志向，讓他們以脫離史實的「戰訓」為根據，構想出了現實的戰爭並付諸行動。下面舉一個著名的例子。在日美開戰是大勢所趨之時，主張有必要偷襲夏威夷珍珠港的是聯合艦隊司令長官山本五十六。他在昭和十六年（一九四一）十月二十四日寫給海軍大臣島田繁太郎的信中說明了自己的立場：「結果被逼一併實施桶狹間、『鵯越』①和川中島②的做法。」眾所周知，帝國陸海軍經常發動偷襲，但因為實際上並不符合戰鬥常理，基本都被擅長收集情報、偵察敵情和進行防禦的美軍提前發覺，導致慘敗。

---

① 位於神戶市兵庫區和北區之間的山口，傳說是源平合戰的古戰場，義經在此陡峭的懸崖發起對平氏的偷襲，又稱一之谷合戰。

② 位於長野縣長野市，曾是上杉謙信和武田信玄數次交戰的戰場。

不能損害國家的名譽

更糟的是，川上操六於明治三十二年（一八九九）過世之後，公開發行的《日清戰史》的編纂由參謀本部第四部（戰史部）部長大島健一接手。據說，大島改變了川上的編修方針，否定了批判性研究，重視保持軍隊的威信。在這點上，重視戰史的毛奇也不例外，他對戰史編纂下達訓令：「不能損害對我軍的勝利做出貢獻的人的名譽，這是國民的義務。」結果，毛奇的普法戰史中有非常多的錯誤和隱瞞，將本應成為鏡鑒的戰訓藏在了光輝的勝利背後。

另一方面，根據橫井的追悼文集《孔昭集》（私家版，一九一八年刊行）可知他是這樣的人物：他「看到世間的學者大多都將國恥如實記錄，一副得意揚揚的面孔」，便感慨道，「忠孝不可分，國民與君主的關係，就如同兒子與父親的關係。現在的學者將國恥如實記錄下來，就如同兒子將父親的惡行傳播開來，沒有比這個更大的罪過了，實在令人感慨至極」。

我們可以想像，正因為有着這種意識，在撰寫戰史之時，他們有可能過小評價或者無視那些否定日本人「尚武之風氣」和將士之英勇的事實。在敘述戰爭時，放棄批判性的觀點，優先考慮國家的威信與處於領導地位的軍人的名譽。這種戰史只能越來越甘於墮落，變成架空的歷史，對現實的戰爭指導有害無益。

四　近代武士道的登場

新渡戶的《武士道》

到了近代，武士身份被廢除，武士道也被人們忘卻了，但不久又得以復興，以全新的面貌出現在人們眼前。在《讀賣新聞》（明治七年〔一八七四〕創刊）的消息一覽裡檢索「武士道」這個詞就會發現，該詞最早出現在明治十八年（一八八五），之後，從二十世紀之前幾年開始，一下子受到人們的關注（這點來自高久嶺之介氏的賜教）。這個時期武士道的代表作是新渡戶稻造的《武士道》（*Bushido, the Soul of Japan*）。新渡戶是農業經濟學者，後來以教育學家及國際聯盟事務局次長等身份在國際上也大顯身手。

這本書於一九〇〇年（明治三十三年）首先在美國出版。其內容由「作為道德體系的武士道」「武士道的淵源」「義」「勇——敢作敢當、堅忍不拔的精神」「仁——惻隱之心」「禮」「誠」「名譽」「忠義」「武士的教育和訓練」「克己」「自殺及復仇的制度」「刀——武士之魂」「婦女的教育及其地位」「武士道的熏陶」「武士道還活着嗎？」「武士道的將來」共十七章組成，武士道完全被作為「伴隨武人階級身份的義務」和武士的道德體系來論述（矢內原忠雄譯）。新渡戶的英文著作回應了歐美人對武士的好奇心，並且被翻譯成多國語言。八年後由櫻井歐村翻譯成日語版《武士道——日本之魂》，並不斷再版。該書引用了很多歐洲的歷史和文學來闡明武士道，所以可以看成西歐與日本的比較文化論。

雖然該書對道德內容的細分和士道多少有些類似，但和近世的士道、武士道完全是兩碼事。說起來新渡戶對日本的歷史和文化並不了解，也沒有讀過《葉隱》的跡象。首要原因是，《葉隱》當時還沒被世人所知。新渡戶所主張的武士道是通過收集零零碎碎的史實和習俗，以及倫理、道德的片段，將腦海中的「武士」形象豐富起來，編織而成的一種創作。並且，這樣創作出來的武士道是遠離戰鬥的，和武士並沒有甚麼關係，是對基本道德的概括。

披着外衣的基督教

新渡戶認為武士道酷似西洋的騎士道。因為他的武士道是從騎士道類推出來的東西，所以當然相似了。在他的武士道論中，對道德的細分是以「義」開始的，這也是因為有必要和基督教的「義（人在神前的正義，與神的正確關係）之道」重合。這種將武士道和騎士道與基督教重合起來說明的做法有一種效果，即讓日本內外都覺得日本人是能與西洋人匹敵的優秀的文明民族。我們可以從中讀出以追趕、超越歐美為目標的近代日本知識分子的心理狀態和隱藏的自卑。

新渡戶是教友派的熱心教徒。他認為教友派所有人對光的冥想的立場，和主張宇宙中的生命一體化的東洋思想是相通的。他思考了東西文明交流的方法，認為從騎士道類推出來的武士道是日本美好的精神傳統，而基督教培養了這種精神。新渡戶的武士道論是「披着武士道外衣的基督教」（菅野覺明），既能向歐美人獻媚，又能對付來自本國的國家主義者的攻擊，後者認為基督教有悖於忠君愛國的道德。對於他來說，基督教和武士道並不是相互矛盾的。

該書刊行在日本經過了反歐化主義，在日清戰爭後的民族主義勢頭大增的時代，那是充滿好戰風潮的時代。日俄戰爭後，該書日文版出版了，日本國內外都把它當作一部能了解日本戰勝清國和世界大國俄羅斯的原因的書。正是以日本的存在感劇增為時代背景，該書的內容也被賦予了某種真實感，起到了讓外國人理解「日本人」，讓日本人自我滿足的作用。

忠君愛國與武士道

我們還能從和新渡戶著作不同的方向來追溯近代武士道的興盛過程，並且，這次探討的對象才絕對是當時的主流。近代日本是奉天皇為大元帥的威權主義體制國家，不停地進行對外擴張的戰爭。《軍人敕語》（一八八二年）主張軍人的本分在於向天皇盡忠；《教育敕語》（一八九〇年）主張，作為國民道德的根本，忠與孝以下的所有道德一致。這兩者都被用在軍隊與學校的教育中，忠君愛國和盡忠報國的思想得以在國民中傳播開來。

在此過程中，正如堅持後期水戶學的歷史學家內藤耻叟所說，「今之軍人即古之武士也」（《日本兵士》岡島寶玉堂，一八九五年刊），軍人和武士被等同視之。於是，像「忠」這樣原本是和作為主君的封建君主之間的私人關係，被置換成國家（天皇即其人格化的象徵）和全體軍人、全體國民的公共關係，還作為國民與天皇的感情羈絆被加以利用。武士道中對捨生忘死的強調，也被用於宣傳為國家和天皇無私奉公，美化在戰爭中的犧牲。

日俄戰爭的戰訓並沒有得到充分利用

在這裡特別想探討的是日俄戰爭獲勝後日本軍事思想的傾向。儘管非常艱辛，但日本最終在這場戰爭中獲勝，其重要原因是日本陸海軍引進了以戰艦「三笠」為象徵的世界上最新的軍隊編制和裝備。有人說，進攻旅順時，俄軍使用了日本沒有的機關槍，所以日本傷亡慘重。但這種說法是完全不符合事實的。日本早在開戰前就得到了法國的風冷式哈奇開斯機關槍的特許生產權，在南山的戰鬥和奉天（現瀋陽）合戰中，日軍投入了比俄軍近五倍多的機關槍。進攻旅順時犧牲巨大有兩方面的原因：近代要塞（圖五—一）難以攻克的特點；乃木希典所率第三軍拙劣的作戰方式。

日俄戰爭時，雖然兩國都殘留有前近代的沉渣，但敏捷的新興日本在戰爭中戰勝了笨重的沙俄。所以，若是根據戰訓重新探討戰法與教育訓練法，就必須比以往更加提升火力和機動能力，改善兵器，實現機械化和成熟化，整備兵站（負責給作戰軍隊運送、補充、維修軍需品等的機構），強化各個兵種之間的協同作戰，以及合理進行戰鬥指揮，等等。儘管如此，軍部並沒有正面解決這些問題。部分原因是他們

圖五—一．旅順要塞東雞冠山北堡壘的鋼筋水泥戰壕（筆者拍攝）

考慮到日本當時薄弱的國力和工業實力經受不住現代戰爭的巨大消耗。結果，戰訓的總結變成了「勝敗的最大原因必須歸結於敵我軍人的精神之優劣」（《偕行社記事》明治三十九年（一九〇六）十一月，第三五一號），之後軍部開始極力主張軍隊教育中的「精神教育」，以及對將校鼓吹武士道的必要性。這也是因為實際上從戰場上決一死戰的勇氣來看，當時的日軍還不如俄軍。

對精神主義的強調

戰勝了世界上最大的陸軍國家——沙俄的自負和精神振奮招來了禍害，戰爭過後，《典範令》（以軍律和訓誡為代表的所謂軍隊教科書）從西歐式改成了日本式，日本軍隊獨特的道德和意識形態開始形成體系，到處都在強調精神主義，戰鬥時也強調進攻精神，其基礎是「將身家性命獻給君主與國家，誠心誠意服從上司，以堅守上司的命令為第二天性」，這也成為對軍人的要求（《步兵操典綱領》）。教育與訓練也據此目的變得重視「精神教育」。據說，在將校和兵士的教育中，劍術被積極地與武士道和進攻精神關聯起來。

白刃戰的實際情況

在日俄戰爭後，步兵作為主要戰力，其戰法的中心是白刃戰，那麼在日俄戰爭的時候，白刃戰實際上到底有多少威力呢？所謂白刃戰，是指使用刺刀和刀劍進行的戰鬥。刺刀是安裝在槍械前端，在突擊或者短兵相接的時候，用來刺敵人的短劍。其實，在步槍上裝刺刀進行突擊的方式反而是俄軍所擅長的。

據法國的觀戰武官說，沙俄方面不相信步槍的效果，常訓示士兵「子彈使人愚蠢，刺刀才是睿智」。另外，德國的觀戰武官報告說：「日本至今一次也未抵抗過俄軍的刺刀突擊，一味地邊旁觀邊撤退。即使日本兵在努力練習使用刺刀後，到了戰爭末期，和初次使用刺刀的俄兵交戰，也常常難免大敗。」（《偕行社記事》明治四十年（一九〇七）五月，第三六一號）正如第三章所述，戰國時代以前，白刃戰不像弓箭戰一般受到重視，近世是沒有戰爭的和平時代。德國觀戰武官記錄的日本兵不擅長白刃戰的這一點很可信。正因為如此，在日俄戰爭後，日本才更有必要強調白刃戰與攻擊精神的重要性吧。

雖然大家都相信格鬥戰就是白刃戰，但根據大江志乃夫的研究，在日俄戰爭中，被當作格鬥戰的武器使用的，除了白刃外還有手榴彈，另外還有將帶刺刀的槍抵在腰部做粗略瞄準的射擊，倒持步槍用槍把來擊敵，以及投石戰等方法。而且，在戰鬥死傷者所佔比例中，白刃造成的創傷比例較低，並且只是輕傷。從主要戰鬥中的受傷類別來看，在野戰和要塞戰中，隨着戰鬥次數的增加，格鬥戰所佔的比重就越大。這就證明，日俄戰爭中決定戰鬥勝敗的是格鬥戰，但白刃的比重與格鬥戰的比重呈反比例地突然變低。手榴彈的作用極大，但因為製造匆忙、粗糙，還未在技術上確立作為突擊兵器的地位。因此，最終事實表明，最原始的投石戰和用槍把進行擊打等方式更加有效。

三八式步槍和刺刀

日俄戰爭後，陸軍越發崇拜白刃，確立了白刃主義原則，直到在亞太戰爭中戰敗為止都沒想過修改這個原則。其象徵就是三八式步槍和三十年式刺刀。三八式步槍改良於日俄戰爭時使用的三十年式步槍，是陸軍使用最久的步槍。口徑 6.5 毫米，全長一二八厘米，重 3.95 公斤，最遠射程二千四百米，將撬槓前後移動，把子彈一發發地送進膛室（放槍炮彈藥的部分），發射後向外排出空的彈殼（銅與亞鉛合金的小筒子，用來裝火藥的容器），能五連發。

三八式步槍現在已經成為舊式兵器的代名詞，但列裝之初有着當時世界上最先進的性能，作為手動步槍已經沒有改良的餘地了。歐美的刺刀是專門用來戳刺的，所以是雙刃。

而日本的刺刀是直刀單刃的小太刀，全長五十二厘米，長於各國的制式，裝到三八式步槍上後全長 1.666 米，重 4.39 公斤，比小個子的日本兵的身高還長。三八式步槍本身對日本兵來說就太長了，這原本是個問題，但和刺刀相輔相成，意圖在於彌補日本人的手比歐美人短的不足。之所以用單刃刀而不是雙刃劍，是為了滿足這種貪心的要求：不但可以戳刺，還能當作長刀來砍殺，甚至能單獨當作小刀來使用。這種刀被看作武士之魂，是表現了愛好刀劍的民族性的武器，但實際上重視的是靈活運用其長度的刺殺技能。

從西式長刀到軍刀

與此類似，由於明治陸軍是以西式標準培養起來的，所以，明治八年（一八七五）的太政官佈告規定將校佩刀的外部裝飾和刀身為西洋樣式。後來，儘管外部裝飾還保留西洋樣式，但很多刀身都變成了日本刀，懸掛在腰間。歐美軍刀主要用於刺，而不是砍，尖端是雙刃劍，刀柄做成單手持握式。而安裝了日本刀的軍刀則是專用作斬擊的單刃刀，刀柄也改成雙手持握式，並使用銷釘，是和洋折衷的產物。

第一次世界大戰時，科技使得大規模殺傷性武器的發展速度驚人，格鬥戰的時代已經結束。一戰以後，各國都傾向於不僅在野戰連平時也廢止佩帶軍刀。但是，信奉白刃戰效果的日本卻沒有廢止軍刀。不但如此，陸軍於昭和九年（一九三四）、海軍於昭和十二年（一九三七）廢止之前的西洋式佩刀外裝，規定使用模仿了日本自古以來的太刀的外裝，後者的實用性已經在第三章做過介紹。

日中戰爭之後，在日本刀上追求特別的精神附加值的風潮愈演愈烈。從在戰艦等艦艇上拍攝的司令長官和幕僚的集體照裡可以看到，他們全體都帶着軍刀。鋼製的日本刀會讓軍艦的磁性指南針錯亂，在海上戰鬥中起不到任何作用。另外，還有戰鬥機飛行員進入駕駛座時帶着軍刀擺拍的照片。雖然這看起來是因為拍照者要求飛行員攜帶代表勇者的小道具進行拍攝，但也越來越荒謬了。這極致地體現了日本刀已經超越實用的領域，成為物神崇拜的對象。日本軍人在精神上成了武士的俘虜。

五 武道、武士道、大和魂

從武術到武道

在學校教育中，武士道又是甚麼狀況？關於這點已經有很多事例了。我們現在試着從武道的角度來看看。近世和戰國以前不一樣，武道指的是倫理思想本身，與武士道同義，和作為刀、槍的技與術的武術、武藝很明顯區別開來。劍道在明治時代一般稱作「擊劍」，這是沿襲了江戶時代以來的稱呼。

在近代，開始使用「武道」一詞是在明治二十年以後。比如在隈元實道的《武道教範》（武揚館，一八九五年刊）中，「武道」的意思包括了劍術和武士道思想。隈元是在西南戰爭的田原坂（現熊本市北區）戰鬥中，率領拔刀隊突擊敵陣而名聲大振的陸軍憲兵大尉。該書是他在日清戰爭期間寫的。他還提倡用劍術中的雙手握持技法去使用當時的單手西洋式軍刀。

明治三十年至四十年，隨着國家主義思想高漲，有人叫囂讓武士道復活。武道成為培養國民道德以及尊崇忠誠和武勇的軍人教育的手段，其混合了武士道、武術、天皇中心史觀並作為國技的地位得到強調。此後，大日本武德會創立（一八九五年），武術教育養成所建立並最終改稱為武道專門學校（一九一九年），武術作為武道逐漸帶上了倫理性。

明治三十一年（一八九八），擊劍和柔道只被允許在中學課外教授；明治四十四年（一九一一），政府修改了《中學校令施行規則》，承認在體操正課中教授擊劍和柔道的做法。大正二年（一九一三）制定的《學校體操教授要目》被作為舊制中學校和男子師範學校的體操科教材，昭和元年（一九二六）擊劍和柔道的名稱分別被改成劍道和柔道。之後，昭和六年（一九三一），滿洲事變①爆發。以上科目被定為必修，重點在於培養質樸剛健的國民精神和鍛煉身心。昭和十四年（一九三九），規定小學五六年級和高等科的男生必修武道（柔道和劍道）；昭和十六年（一九四一），這些內容被作為國民學校「體煉科武道」，越來越受到重視。

刺刀道和長刀

昭和十五年（一九四〇），刺刀術改名成刺刀道，被納入中學等學校教育（軍事訓練）。

① 即「九一八事變」。

在此之前，昭和十一年（一九三六），女子學校和女子師範學校的教材中加入了弓道和長刀。其間在昭和十三年（一九三八），第二十四屆甲子園全國中學校優勝棒球（高中棒球選手權）大賽開幕式上有這樣一個場景。被稱作東海地區第一投手的掛川中學（現掛川西高）的村松幸雄主將朗讀選手宣誓：「我等遵循武士道的精神，堂堂正正地比賽。」出場選手們就跟着呼喊他所宣讀的每一節（《朝日新聞》二〇一五年七月十六日，大坂本社版朝刊など）。村松後來加入了職業棒球名古屋軍（現中日dragons），於昭和十七年（一九四二）被徵召入伍，兩年後，二十四歲的他戰死在關島。

第二次世界大戰後，武道被認為帶有國家主義和軍國主義的性質，停止在課堂上教授。但之後，相撲、柔道、劍道都依次復活，最後，到了二〇一七年，將在二〇二一年實施的中學《新學習指導要領保健體育》的正文中，九種武道的選項中明確寫有刺刀道。並且，二〇〇八年修訂的《中學學習指導要領》中寫着「根據地區和學校的實際情況，也能讓學生選修なぎなた（naginata）等其他武道」，長刀也以「なぎなた」這種平假名表記的方式復活了。

生不受俘虜之恥辱

戊辰戰爭的最後時刻，五棱郭之戰（箱館之戰）的敗將榎本武揚決定自盡，但被官軍勸降了。他出獄後活躍於外交領域，在明治後半期還歷任大臣職位。以三島由紀夫祖母的祖父永井尚志為代表的許多幹部，也在數年後被赦免，被任命擔任新政府的要職。這是因為近代國家的建設需要人才。

在日本，認定做俘虜是恥辱的觀念產生於日俄戰爭之後。有以下這樣的例子：被軍隊當局授予勳章的生還俘虜遭受故鄉的人們的白眼，受到村八分①制裁。但這種觀念真正確定下來還是要到日中戰爭之後。戰爭開始之時，日本沒有發佈宣戰公告，將其稱為「支那事變」（昭和十二年（一九三七）九月二日由內閣會議決定），認為其不屬於國際法上的戰爭。這是因為，美國的中立法適用於被認定為戰爭狀態的國家，它禁止或限制向這些國家出口兵器、軍用器材、一般物資，還限制其金融上的交易。日本不願陷入這種狀況。中國方面也出於同樣的動機沒有發佈宣戰公告②。

因為不是戰爭，從公開層面上講也就不存在俘虜，本應被給予保護的敵方俘虜受到處刑等不法處置。反過來，己方軍人成為俘虜時，則被認定逃跑到敵方，被當作軍人最不光

① 江戶時代以來，盛行於農村的制裁。對於違反規則、擾亂村裡秩序的人及其家族，村民全體商議過後與其絕交。

② 作者提出的觀點只是眾多說法之一。中國學者關於國民政府對日宣戰問題的最新研究成果，可參見侯中軍〈論全面抗戰爆發後國民政府的對日宣戰〉，《湖北社會科學》二〇一九年第七期。

榮之事。這一點的極致表現則是陸相東條英機於昭和十六年（一九四一）一月對陸軍全體傳達的被稱作《戰陣訓》的督戰訓誡。日本陷入戰爭的泥潭，看不到終結的希望，中國戰地上的日軍將士士氣低下，軍紀越發混亂。這是訓誡的寫作動機。

《戰陣訓》由序和三部本訓構成，包括必勝之信念、服從心、生死觀、珍惜名譽等和《葉隱》的武士道精神相近的內容，也被稱作《軍人敕諭》的「戰場版」。特別是「本訓之二」的「第八珍惜名譽」，其中寫道「生不受俘虜之恥辱，死勿留罪過之污名」，這被視為要絕對服從的部分。因受傷而無法動彈，無奈成為俘虜的將士在被歸還後被迫自盡。雖說《戰陣訓》在整個軍隊中被接納的程度不完全一樣，但禁止做俘虜，強制性地戰死這一原則被確立起來，結果造成在亞太戰爭末期，在各地發生了沒有意義的悲慘的玉碎行為。

敗戰後七十多年過去了。執政黨強制通過了《安全保障法案》，允許行使集體自衛權，甚至想修改《日本國憲法》第九條，加入集體自衛權或者更為過分的內容。在這種政治狀況之下，我們會聽到一種聲音，彷彿武士道是國民道德和日本人的精神背景。對此，筆者是反對的。這是因為，近世的武士道是武士社會內部的思想，而且只適用於其中一部分，並不是普遍性的。而近代的武士道則如艾瑞克・霍布斯鮑姆（Eric Hobsbawm）所說，是「創造出來的傳統」。並且，就算在大日本帝國時代，也不能認為武士道從始至終束縛了所有日本人。

大和魂

到此所述的觀點也適用於在戰前與武士道一起被提倡的「大和魂」。這個詞首見於十一世紀初的《源氏物語》，「和魂」與「漢才」相對，即與學問（漢學）上的知識相對的，先天具備的機智、處世才能，以及實際生活中的思考與判斷等方面。之後除了一些著作之外，人們並不關心「大和魂」。近世過半的時候，在賀茂真淵和本居宣長的影響下，「大和魂」（大和心）再次被人們提及。對於宣長來說，這是與「漢才」對立的概念，是天生的真心、不為任何事物蒙蔽的雙眼、看透真相的慧眼。他所作的著名和歌「問道敷島大和心，山櫻香陣熏朝霞」①也是以《新古今和歌集》的「山櫻花在朝日之光中美麗地綻放，彷彿是不畏陽光的雪」（藤原有家）②作為本歌。宣長意圖將他所認為的高雅真實的日本人之心情，用即將芬芳綻放的山櫻花表現出來。

然而到了十九世紀之後，曲亭馬琴在《椿說弓張月》中讓崇德院的冤魂說道：「已無

---

① 敷島の大和心を人問はば朝日に匂ふ山桜花。即下文提到的敷島歌。譯文引自王俊傑《論本居宣長復古國學的倫理思想》，河北大學二〇一〇年碩士學位論文。

② 朝日影にほへる山の桜花つれなく消えぬ雪かとぞ見る。

退路時馬上捨棄性命，這就是大和魂。但其中大多缺乏深思熟慮，是不愛學習的過錯造成的。」(後篇卷四，第二十五回)這裡強調的是大和魂的負面，認為雖然其中含有不畏赴死的精神，但那是膚淺和不學無術的人才做的事情。

後來，隨着幕末尊王攘夷論的興盛，人們把「大和心」看成英勇果斷的精神。進入明治後，俚語「花為櫻花，人作武士」(「花以櫻花最佳，人以武士最優」，出自《假名手本忠臣藏》)流傳開來，「大和魂」也逐漸和武士道聯繫起來。

敷島歌本身也被解釋為強調櫻花散落的果決之狀。戰前就有人指出這是誤讀，卻沒有人對以下觀點提出質疑，即將「大和心」和「大和魂」解釋為與二十世紀三十年代之後突然被大肆提倡的「日本精神」(不是指「日本的精神」這種一般名詞，而是以國家權力為背景的思想運動標語之一。指日本人特有的、支持其行動模式的精神，是與天皇和皇室無法切分開的特定的意識形態)相同的概念。就這樣，直到一九四五年戰敗為止，日本國民都被教育「大和魂」就是日本民族固有的精神，是支撐天皇制國家的政治思想根基。它教育人們在戰場上遵循武士道英勇奮戰，然後壯烈犧牲，這被看作至高無上的精神價值。

理所當然，在戰後的日本，武士道這一思想再次被忘卻。筆者這個年齡層的大多數人的精神背景，是謳歌放棄戰爭、主權在民和民主主義的《日本國憲法》。而年輕的各個年齡層的人之中，既有偏向國家主義的，也有遠離政治、無心向上的各種價值觀。但是筆者無法描繪出除武士道和「大和魂」以外的，貫穿整個日本史、成為全體日本人的精神支柱的思想和倫理。

在人口眾多，階級、階層的利害關係越發明顯的，高度發達的社會裡，本來就只會存在適用於特定階層、集團和年齡層，以及特定時期的價值觀。所謂的貫穿整個時代、適用於整個社會的價值觀，是國民國家創造出來的幻想，只是國家統治階層和追隨其意識形態的集團希望如此而已。歸根到底，近世武士道也好，近代武士道也好，都只是其中一個事例罷了。

終章

日本是「武國」嗎？

一　武國意識的成立

日本是擅長弓箭之國

天正二十年（一五九二）六月，豐臣秀吉向在釜山登陸，以破竹之勢攻陷漢城（現首爾）的麾下大名們發佈了出征明國的軍隊配置，其中寫道，連在「日本這樣擅長弓箭」的國家，自己率五百騎或一千騎的小部隊就成功地平定了國內。這次，一共十三萬人的大部隊要去攻打「大明長袖國」，一點都不需要擔心（《毛利家文書》九〇四號）。他還說，攻打「處女般的大明國」如泰山壓卵般簡單（同上九〇三號）。

「擅長弓箭的日本」和「大明長袖國」是秀吉喜好的對照表現。長袖指穿着長袖和服的人，即貴族或僧侶。這意味着明國不是武人而是文人統治的國家，而且正如前後文所示，是一種侮辱對方的說法。對於出身低微卻得以發跡，靠軍事力量統一日本的秀吉來說，這是自然的自他認識①。

① 指對自我和他者的認識。

「武國」認識是何時產生的？

將本國理解為「武國」的這種自我認識，是何時因何形成的？佐伯真一總結道，至今關於古代日本人自我認識的研究是以神國（神明守護的國家）思想為中心的，這和佛教的世界觀裡將日本看作卑賤的「粟散邊地」（如粟粒一樣分散的數量眾多的小國之一，指遠離佛國的偏僻之地）的意識是一體的。他還指明，最早在這個構想的基礎上加入日本人善「武」這種說法的，是十二世紀末的藤原定家所作的《松浦宮物語》。這是一部虛構的物語，描繪了渡唐的橘氏忠這個人物在異國大顯身手的故事及其戀愛故事。橘氏忠的主要活動是幫助因燕王的叛亂而苦惱的唐朝皇后鎮壓叛軍。主人公對皇后說道：「聽說日本作為兵之國，國土雖小，但有神靈的強力庇佑，人也賢明。」佐伯氏指出，物語對合戰的描寫反映了這部作品成書不久前的平安末期的內亂（治承・壽永內亂）的相關傳聞和信息。

承久三年（一二二一）前後成書的《宇治拾遺物語》第一五五話講述了在平安末期，壹岐守宗行的郎等為避免被主人殺掉而逃到新羅，在那裡成功打敗老虎的故事。知道此事之後，新羅人害怕地說道：「在兵之道上無人能敵日本人，所以日本是越來越厲害、讓人恐懼的國家。」該書第一五六話也提到，遣唐使的孩子被老虎吃掉，遣唐使將老虎殺死，取回了孩子的屍骸，對此，中國人說道：「果然，在兵這方面沒有能和日本相比的國家。」

「兵之道」本來指的是關於戰鬥的具體能力。第一五五話中也寫道，新羅人將短箭製成毒箭來使用，所以不能立刻擊倒敵人，而日本人則不惜自己性命，射的是大箭，所以能當場殺死敵人。日本的弓箭能比中國和新羅的短弓發揮更大的威力，這種認識在《松浦宮物語》中也能看到。佐伯氏說道，日本人比的是在戰場上能射多大的箭（長矢），所以當他們注意到中國和新羅所用的箭要比日本的短的時候，就會意識到日本的「武」的優越性。

進入戰國時代之後

同時，佐伯氏還指出，上述意識依舊停留在對弓箭這種武器的比較和對職業武士之勇敢的樸素的實際感受的萌芽階段，這種從前一時代延續下來的自我認識，就算經歷了蒙古襲來也沒有發生根本性的變化。如筆者在第四章所述，截至鎌倉時代的日本雖然不會有意地忌諱「武」，但對其也不是積極地、無條件地肯定。《平家物語》和《太平記》這種軍記作品不是武士為了武士而創作的，也沒有肯定武力政治。但是，蒙古襲來之後，日本的本國優越感高揚，隨之評論日本的「武」的言論也開始增加，十五世紀起，武士從自身的視角出發，強烈地主張與「文」相對的「武」的立場，逐漸創作出像《義貞記》這樣的文本。該書成書於十五世紀前半葉。

佐伯氏接着指出，十六世紀，隨着戰鬥的不斷反覆和「武」治的實現，日本人便形成了認為本國在「武」的方面十分優越的這種自我印象。隨着秀吉侵略朝鮮，這種印象變得越發明顯。這種意識在近世被理論化，確立了作為「武國」的自畫像。平安末期、鎌倉時期意為「直接的暴力（軍事力量）及其威力」的「武威」一詞也變成表示「以武家（幕府）為主體的政治意識、國家意識」的詞語固定下來。「武」也被認為是相對於外來文化的日本固有的精神，和民族主義結合，隨着各種發展滲透庶民階層。佐伯氏主張，這樣的「武國」影響延續到了近代，也成為支撐「軍國」日本的歷史觀。佐伯氏的觀點是日本文學研究者特有的，是他廣泛留意各種作品之後，建立在細緻閱讀之上的論點。筆者大體上同意這種觀點。

「武國」意識確立之晚是理所當然的

這種「武國」意識確立的時期意外地很晚，並且很低調。現代日本人通常認為，日本在十二世紀末就已經成立了鎌倉幕府這種武家政權，武士時代就此拉開帷幕，但史實與之大相徑庭。但是，就算鎌倉時代的京都與西國的人產生了「朝廷因東風（鎌倉幕府）之助而繁榮，天下賴東日（幕府）之蔭而平穩」（『海道記』）的認識，他們還是覺得東國仍然是「夷」「東夷」的世界，西國才是王朝貴族所支配的日本國的本體。所以「武國」這種自我認識當然難以發展起來。

正如第二章所述，把一一八五年到一三三三年這段時間稱為鎌倉時代的這種歷史認識是有問題的。但是，對於現代日本人來說，國家權力早早地就從貴族手中轉移到了武家手中，並且如此持續了七百年，這是連小學生的耳朵都聽出繭子的說法，成年之後也是被這種歷史觀重重包圍，沒有機會詢問真偽。因此，他們將日本理解成武之國、武士之國，也是沒有辦法的事情。

不受他人侵略的島國

但是冷靜一想，在前近代，日本列島受到別國侵略的機會是非常少的。其代表時期有以下兩個：一是六六三年，日本在白村江合戰中慘敗於唐和新羅的聯軍，直到後來都擔心他們馬上就要來攻打日本了；二是從鎌倉中期開始防備蒙古來襲。前者雖然是杞人憂天，但將律令制這種「軍國體制」帶給了日本；後者只讓人聯想到一二七四年、一二八一年的文永、弘安合戰。其實在那前後日本列島周邊也曾數次面臨被侵略的威脅。元朝的忽必烈（世祖）死後，正安元年（一二九九），禪僧一山一寧被派往日本，但最後元放棄了和日本通好，兩國之間的緊張狀態一直持續着。單單是元朝可能侵襲日本的傳聞就一直持續到了元滅亡的應安元年（一三六八），給日本社會帶來了巨大的衝擊。話雖如此，日本直接面臨軍事性威脅的事例，也不過是整體歷史上的短暫片段罷了。

日本列島的地理位置非常深刻地影響了日本歷史。日本海足以成為阻礙亞洲大陸方面的軍事侵略的屏障，但不妨礙導入高度發達的文明。然而，在北方，沒有哪個國家能夠直到江戶末期都還能對日本擁有影響力；在東方，幕末以前茫茫大海阻隔了一切文明的影響。

「和平的」平安時代

軍隊通常都以防範外來威脅或者大規模內戰、內亂為理由而得到強化。如果事實上沒有那種情況，通過誇大地煽動威脅也能輕鬆實現。日本在平安初期曾以蝦夷的威脅為藉口強化軍隊，但在其告一段落之後，基本上「和平」的時代一直持續着。將門之亂雖然在精神上造成的衝擊很大，但在國家開始鎮壓之前實質上就已經完結了。「前九年」、「後三年合戰」僅僅是河內源氏故意發起的私戰的擴大版，正如很久以前北方的陸奧、出羽發生的事情一樣。有些書讓人覺得武士好像在攝關時期就已經成長起來，但在這種內外環境之下，只能說這種觀點太誇張了。連應對軍事威脅的自覺都沒有，武士怎麼可能成長起來？

平安中期的武士平日裡只是宮廷的警衛隊和首都警察的將校。儘管如此，在院政時期，隨着軍事緊張氣氛的加劇，以伊勢平氏為中心的武士成長了起來。經過保元、平治的內戰之後，他們甚至能左右政治的動向。而且治承・壽永內亂長達六年之久，讓軍事集團極大膨脹。結果平家在制度上建立了幕府，而從軍事政權這個側面來說，賴朝從內容上大大地充實了幕府。幾乎所有的研究者都深信不疑地將鎌倉幕府看作第一個武家政權，也不是沒有理由的。

二　用來除魔的武，作為行政、財政人員的武士

瀧口的任務

為了讓大家對武和武士的理解更多樣化，下面舉一個平安時代宮廷警衛武力的例子，介紹貼身保護天皇的瀧口。正如其所屬的王家家政機關藏人所所示，他們與其說是宮廷的警衛兵，不如說是天皇個人的私家護衛。瀧口設立於九世紀末，編制十人，天德四年（九六〇）擴編到了二十人，白河天皇的時候達到了三十人。他們要負擔各種役，其第一任務就是晝夜守衛禁中，三人一組交替出勤。根據某個實例，一個人的出勤時間按晝夜分開算的話長達三千餘天。在關東發動叛亂後，自稱新皇的平將門自負於過去「弓箭之武術，至今援助了兩朝（醍醐、朱雀兩位天皇）」（《將門記》）的實績，這指的是他過去在瀧口供職的經歷（《尊卑分脈》）。

如果認為瀧口的工作就是保護天皇不受暗殺或強盜入侵這些物理上的威脅，那就是囫圇吞棗。他們要發揮的作用中特別重要的是鳴弦（圖六—一）。弓不上箭，用手將撐起的弦用力拉開，讓其發出聲音，這叫鳴弦，也叫弦打。弓箭不僅僅是武勇的象徵，還用作法器

來驅除邪靈，趕走肉眼看不見的精靈。人們期待武器能驅除魔物並且招來福氣。這似乎是日本在吸收中國道教習俗的過程中固定下來的觀念。鳴弦能用其弦音驚嚇妖魔鬼怪，破除魔障，袪除邪氣和污穢。

在當時的宮廷或貴族家中，婦女分娩、嬰兒誕生、雷鳴、不祥之時、生病或者天皇入浴等，總是會鳴弦。瀧口交替出勤的時候會被要求報上姓名，這叫名對面，這時也會鳴弦。瀧口在藏人所職員在場的情況下接受弓箭技術的考驗，然後被雇傭。出色的射擊能力是為了讓大家確信鳴弦的效果。換個說法就是，作為武士的血統及其因藝能技術而被提升的「作為闢邪的武」（「武」具有的咒術能力，可以除魔的「武」）才是他們被起用為宮中瀧口的主要目的。

圖六—一・鳴弦之圖（出自《北野天神緣起》，收藏於北野天滿宮）

物氣的威脅

雖然是老生常談，但這裡還要再提一下，平安時代的都城和宮廷社會曾因物氣（モノノケ）（mononoke）、邪氣和污穢等威脅而戰慄。物（mono）是非神靈的靈、鬼、精等超自然存在中的負面部分的總稱，物（mono）之氣（ke，指無法用手觸碰到實體，但能實在感受到的東西）就是物氣（又稱鬼氣）。物氣是物的作用，是由超自然的氣引起的負面現象。其具體表現是疾病，特別是傳染病。邪氣是類似物氣的東西，污穢是死亡和疾病等攪亂社會和政治秩序的、造成精神上威脅的各種現象，以及忌諱和恐懼它們的觀念、感覺。

當時的平安京人口密集，人和物從地方流入，加上惡劣的居住、衛生環境，所以疾病容易流行。統治者對政治鬥爭中敗者的怨念（怨靈）以及底層人民郁結的不滿抱有怯意。這兩者結合起來，再加上陰陽道——類似日本版的道教——的煩瑣禁忌將其神經質般地放大了，這種精神環境導致的就是前面所說的物氣等現象。而天皇通常是和物氣與邪氣嚴格地隔離開的，被認為應保持最敏感、最潔淨的狀態。

就這樣，不僅限於單純的戰鬥力，武士擁有的咒術層面的作用也浮出水面。關於「前九年」、「後三年合戰」的勝者、功勳卓著的河內源氏的源義家也有下面的傳說。被物氣困擾不已的白河天皇命他獻上有效的武具以安放在枕邊，於是他便獻上塗黑的檀弓，之後天皇就再沒有被物氣侵襲了。寬治年間（一〇八七—一〇九五）他還為堀河天皇鳴弦。之後，乾元二年（一三〇三）五月九日，昭訓門院瑛子誕下龜山法皇的皇子恆明親王時，據說皇子的枕邊放了坂上田村麻呂所持之劍。正因為這些武者都擁有過人之武勇，其武器便被期待具有破魔之功效。

源賴政制伏鵺

攝津源氏賴光的後裔擁有大內守護（從平安後期到鎌倉初期負責大內內裡的皇居警衛的職位名稱，與鎌倉幕府的內裡守護（京都大番）是不同的兩個職位）的家世。史料上可以確認他們在平安後期的賴政以後就任該職，但據《尊卑分脈》記載，在後世因驅鬼而聞名的賴光也做過大內守護。事實上，大內守護的職務也並不只限定於保護天皇和本內裡不受現實武力的威脅。

賴政在《平家物語》中兩次制伏了鵺。鵺是虎鶇的異名，會發出類似人的慘叫聲，所以被看作不祥之鳥，令人害怕。貴族的日記中也有鵺鳴不吉的記錄。在賴政第一次制伏鵺時，那怪鳥「猿首，狸身，蛇尾，虎足，鳴聲似鵺」，但並不是鵺。賴政將兩支「帶了雉尾羽毛的尖矢（在尖端裝上磨尖的箭頭的大型箭）」搭在重藤弓上，迎擊「妖怪」（卷四）。這當然只是傳說。而正如「驅除魔障時使用這種羽毛」（《射御拾遺抄》）所說，使用了雉尾羽毛的箭當時被認為有驅邪厭勝（用咒語降伏人）的效果。

早在寬弘三年（一〇〇六）十月，有隻雉飛到了一條天皇前，瀧口紀宣輔將它射死，當場得到了賞賜。到了近代，有些地方把雉飛入家中看作凶兆。鳥因為其飛翔能力，容易被看作聯結陰間和陽間的邊緣性存在。雉會帶來凶事，反過來能擊退不祥之物，帶有兩種含義的性質。

武士肩負咒術功能

前面介紹了若干例子。如果說，人們期待瀧口和大內守護發揮的作用之一是擊退襲擊內裡和王家的各種物氣、精靈的這種「武」的咒術能力，那麼這些武士與靈力、法力、咒力過人的護法僧和陰陽師在某種意義上是共通的。第四章已經提過依賴咒術的武士，而上文展現的則是肩負咒術功能的武士。

之前的歷史研究者對武士的這些功能可以說完全沒有興趣，實際上將它們從武士的範疇中剔除了。這既是近代合理主義的缺陷，也是因為，他們將武士掌握政權理解成歷史的前進，所以無論如何都將關注點集中在後來掌握了政權的河內源氏等的發展上。理所當然的，和天皇關係密切的瀧口這種低級的武士難以入他們的法眼。以這種視角來看，只能得出如下否定評價：和治天之君（院）勾結、將河內源氏趕走的伊勢平氏，以及平清盛所建立的政權（六波羅幕府）是走上歧路的王朝走狗，是貴族性的、不成熟的政權。

江戶幕府的勘定所

作為「武國」的自畫像確立起來的江戶時代也一樣，政治轉向文治之後，「武國」就只朝着形式化的方向發展。軍事集團的武力被凍結，負責實際政務的是被稱作「役方」的行政實務官僚。如「得知武役的番眾是一群無能之輩後，當事人也認為閒着無所事事是當然的」（《植崎九八郎上書》）所說，所謂的武士政權只是一種華麗的偽裝罷了。

在那個時代，無論是幕府還是諸藩，行政官僚制度最發達的是掌管全部財政的勘定所部局。以幕府為例，上級官員的序列是勘定奉行（四名）、勘定吟味役（二—四名）、組頭（一七三三年是十名）、勘定（一七三三年是一八一名）。最頂層的勘定奉行主要是負責財政和農務的財務長官，也處理幕府領地的訴訟，由俸祿三千石等級的旗本擔任。勘定吟味役是會計監察官，屬於五百石等級。勘定所中普通官員勘定的役高（根據職位高低所支付的俸祿）是一百五十俵（換算成俸祿的話相當於五十石），在旗本中是等級最低的。

再往下的下級官員序列是支配勘定（一七六一年是九十三名）、支配勘定見習、勘定出役和支配勘定出役。支配勘定以下是御家人階層、下級幕臣擔任的職務。他們不管多麼優秀，都只能升到支配勘定，不可能再往上晉升。

官僚制度常常有上下兩重構造。武士的職務本來是對應知行俸祿的奉公，因此就任之後，和職務相關的各種經費是要用自己的俸祿負擔的，所以那些需要大量經費的重要職位就不能雇用低俸祿的人來擔任。

行政改革和人才起用

十八世紀德川吉宗的享保改革，打開了下級武士靠自己的能力晉升到上級職位之路。這是因為，幕府採用了「足高制」，即當任職之人的俸祿沒達到其役高時，幕府在其任職期間補充不足的部分。這種制度跨越了二重構造和門第限制，既有助於起用低俸祿的有能之人，也不需要增加俸祿，達到了抑制財政膨脹的效果。

以前，就任勘定奉行的人大多來自和財政沒有關係的職位，勘定奉行只是轉向大目付、江戶町奉行、留守居（監管大奧、參與幕政的職位）的發跡之路的一個階梯罷了。但是，改革之後，將俸祿未到一萬石但有多年經驗的人提拔為奉行的人事任命變多了。他們經歷了行政末端的實務工作，對現場的實際狀況非常熟悉，所以行政效率提高了，財政力量也得到了強化。

順着這波提拔人才的大潮爬升到幕府中樞的代表人物是在幕府的最後一天飲彈自殺的川路聖謨。他起步於小普請組（參照第228頁）這個幕府組織中所謂的「垃圾場」，以支配勘定出役（屬於小普請組，臨時作為支配勘定到勘定所出仕）為起點，在勘定所、評定所大顯身手，被提拔為勘定吟味役，又歷任佐渡、奈良、大坂町奉行，成為勘定奉行兼海防掛。他還和俄羅斯使節普提雅廷（Yevfimiy Vasilyevich Putyatin）交涉，締結了《日俄和親通好條約》，雖然因井伊大老上台而左遷，但後來還是當上了外國奉行。

幕府組織的各個階段

江戶幕府以身份製作為支配的根基，所以不可能徹底地克服身份制。但在幕末，出於外交和強化軍事力量的需要，幕府嘗試完善這方面的職位設置。幕府的政治組織很多時候被認為是將德川在三河戰國大名時代的樸素的家政組織逐漸進行增強和擴充的產物（庄屋仕立て），但如第二章所述，在第三代將軍家光執政後期，情況有了很大變化。雖然和作為近代產物的官僚制不一樣，但幕府也創建了和官僚制類似的組織，是「在行政、審判、財政等各種領域創建分管一定職務的機構和組織，並且不是根據個人的意志，而是根據職務來執行的人的集團」（藤井讓治）。到了幕末為了應對危機，再對其進行進一步的改革。

就這樣，根據前後時期的不同，幕府制度的實際狀態也大不一樣，更不用說平安時代的瀧口和近世末期的武士之間的巨大差異了。當然，雖說是武士的政權，並不是只依靠武力去進行支配。為了讓社會運轉，維持穩定，進行改革和管理行政財政，必要條件和所需要素實在太多了。我們不能只關注武的印象，避免對其內容的理解流於單純和粗糙。

三　「勇敢」與草菅人命

日本人勇敢嗎？

至此為止，筆者一邊論述自己的學說，一邊介紹了現在日本史學界關於武士、武器以及武家政權研究的最新成果。最後，對於日本人原本在武的方面就是勇敢的民族這一主張，筆者想簡單談談自己的見解，以此作為本書結尾。

確實，七十多年前，在太平洋的島嶼上，美軍受到了日本士兵的強烈衝擊。這衝擊來自那些在彈盡糧絕的絕望狀況下，拒絕投降、戰鬥至死的士兵。但是，正如筆者在第五章所述，那種「勇敢」是以下事實的產物，即平時在非人的軍紀下被強制地絕對服從，被徹底灌輸了戰死是名譽，投降對本人和家鄉的家人親屬而言都是恥辱，俘虜被看作陣前逃亡的觀念。

當時很多人主張，也許歐美的物質文明更為先進，但日本的精神文明更加優越，所以日本會獲勝。物質文明，即生產力、科技力量的優劣是客觀的。但是，有無客觀的依據讓我們能夠斷言，只有某個民族在精神力量上特別優越，別的民族就不是呢？如果說日本有大和魂，那麼美國則有洋基魂，英國也有約翰牛魂。日軍常因美軍戰機飛行員和海軍的英勇果斷而咋舌，而德國納粹則敗給了在逆境中不屈不撓、具有韌勁的英國人。

日本海軍的座右銘是「見敵必戰」，但除了一兩個實際攻擊的例子外，他們基本上十分寡欲，擊落眼前的敵人之後，便毫不戀戰地撤退了。雖然這被稱作「一擊必殺」，但從這點來說美國海軍做得更徹底，乘勝追擊，致敵於死地。據說，日本海軍之所以如此行事，是因為其軍艦側重攻擊力而犧牲了防禦力，意外地不經打，害怕太過貪婪會失去寶貴的艦船。美國的軍艦製造在質和量上，特別是量上遠遠超過日本，而且重視軍艦的防禦能力和安全性能。所以他們不太介意受到損害或損傷，能毫不猶豫地進攻。

也就是說，進攻精神的強弱也是被生產力、技術以及損管水準這些獨立變數所左右的因變量。結果就是一切，所以不得不說，海軍的提督、司令階層基本都缺乏戰意。

耗盡人力資源

和前一項的道理相關，陸軍有個詞叫「一錢五厘」。一錢五厘是召集令狀的明信片價格，這有「軍隊的補充只需明信片一張就足矣」的意思，也有士兵的命不值錢，只用少許金錢就能召集的含義（實際上，召集令狀是由行政機關的職員拿去分發的）。這句話也演變成日本雖然在物質資源方面有限，但在人力資源的方面，要多少都能補充之意（實際上也並非如此）。

在近代軍隊中，國家靠徵兵制度召集兵士，補充損耗。指揮官沒有必要自己掏腰包去對部下的死傷進行經濟上的補償，因而毫不奇怪，有些上級指揮官感覺不到士兵生命的重要性（參考第 163—164 頁）。在戰場上，用極少的兵力去應付僵持的戰局，缺失火力、航空戰鬥力、補給等物質補充的進攻讓人命完全被白白浪費了。

海軍在這點上也毫不輸給陸軍，開發了各種各樣的特攻兵器。神風特攻隊雖大部分使用二手或者舊式飛機，但也還有飛機作為手段。而「震洋」則是裝了貨車發動機的小型汽艇。其船體由三合板製成，在船頭裝載炸藥，由搭乘人員駕駛離開海岸，撞擊目標。大量「震洋」一齊向目標艦艇殺過去，只要一艘命中就足夠了。搭乘人員除了來自其他特種兵器部隊之外，主要是學徒兵、飛行預科練習生（所謂的預科練）。他們是由於可乘坐飛機不夠而多出來的航空隊員，被允許和航空機搭乘人員一樣穿戴同樣的飛行帽、飛行服、純白圍巾、半長靴出擊。這是交雜着欺瞞和執念的、十分可悲的事情。

陸軍也製造了同樣的東西（特四式內火艇）。昭和二十年（一九四五），「震洋」與「特四式內火艇」在菲律賓呂宋島仁牙因灣和馬尼拉灣等地迎擊到來的美軍，在沖繩戰中也被實際投入作戰了。「震洋」用二千五百人以上的陣亡只換來了微小的戰果。很多「震洋」毀於因燃料起火的爆炸事故，或者其運輸船在奔赴戰地途中被擊沉。

所謂「勇敢的」日本兵就是這些事實的產物。正如本書所闡明的，日本前近代的歷史並沒有否定武士的投降。勇者和非勇者都是存在的，這才是最初的人類社會。事實上，日本作為「武國」的時間很短暫，平安時代和江戶時代都是漫長的和平時代。我們不應該被「日本是武國」「日本人是勇敢的民族」這種無法確認真偽的、帶有政治意圖的宣傳所誘騙，應該朝着不需要「軍事方面的勇敢」，而是構建和平和安全的國際關係和國際環境的方向去進行勇敢的、永不放棄的努力。不言而喻，學習日本武士史在當下也具有實際意義。也因近來盛行人文學科無用之言說，筆者特意如此斷言。

文獻一覽

（省略正文中已列舉的文獻信息）

關於武士及武家政權的研究數量龐大，無法全部進行介紹，故在此只列舉執筆本書時直接參考的主要研究。還有很多十分重要的研究未做介紹，但考慮到「新書」[①]的特徵，只能割愛。在此深表歉意，望請海涵。

① 編按：本書日文原版為「岩波新書」系列。

筆者所著和本書直接相關的論文和專著

「將門の亂の評価をめぐって」林陸朗編『論集　平將門研究』現代思潮社、一九七五年
「中世の身份制」高橋昌明『中世史の理論と方法』校倉書房、一九九七年
『武士の成立武士像の創出』東京大學出版會、一九九九年
『酒呑童子の誕生』中公文庫、二〇〇五年
『〔增補改訂〕清盛以前―伊勢平氏の興隆』平凡社ライブラリー、二〇一一年
『平家と六波羅幕府』東京大學出版會、二〇一三年
『洛中洛外京は「花の都」か』文理閣、二〇一五年
『東アジア武人政権の比較史的研究』校倉書房、二〇一六年

其餘的參考著作、論文

序

江馬務「日本結髮全史」『江馬務著作集　第四卷』中央公論社、一九七六年

坂口茂樹『日本の理髪風俗』雄山閣出版、一九七二年
原田伴彦「チョンマゲ論」同『関ヶ原合戦前後』徳間書店、一九六七年

第一章

石井進『鎌倉武士の実像』平凡社、一九八七年
服藤早苗『家成立史の研究』校倉書房、一九九一年
山岸素夫・宮崎眞澄『日本甲冑の基礎知識』雄山閣出版、一九九〇年
吉田孝「律令時代の氏族・家族・集落」同『律令國家と古代の社會』岩波書店、一九八三年
吉田孝『歴史のなかの天皇』岩波新書、二〇〇六年

第二章

石井進『鎌倉武士の実像』前掲
磯田道史『近世大名家臣団の社會構造』東京大學出版會、二〇〇三年
大山喬平「文治國地頭の三つの権限について」『日本史研究』一五八號、一九七五年
大山喬平「沒官領・謀反人所帯跡地地頭の成立」『史林』五十八巻六號、一九七五年

金井圓「幕藩體制と俸祿制」同編『総合講座　日本の社會文化史　第二巻　封建社會』講談社、一九七四年
川合康『鎌倉幕府成立史の研究』校倉書房、二〇〇四年
高橋典幸『鎌倉幕府軍制と御家人制』吉川弘文館、二〇〇八年
高橋典幸「將軍の任右大將と『吾妻鏡』」『年報三田中世史研究』十二號、二〇〇五年
橋口定志「中世東國の居館とその周辺」『日本史研究』三三〇號、一九九〇年
橋本雄「遣明船の派遣契機」『日本史研究』四九七號、二〇〇二年
平井上総「兵農分離政策論の現在」『歴史評論』七五五號、二〇一三年
平井上総「検地と知行制」大津透他編『岩波講座日本歴史　第九巻・中世四』岩波書店、二〇一五年
藤井讓治『江戸開幕』講談社學術文庫、二〇一六年
藤井讓治『江戸時代の官僚制』青木書店、一九九九年
藤井久志『刀狩り』岩波新書、二〇〇五年
松岡進「東國における「館」・その虚像と原像」『中世城郭研究』二三號、二〇〇九年
水本邦彦『村　百姓たちの近世』岩波新書、二〇一五年
渡辺浩「序　いくつかの日本史用語について」同『東アジアの王権と思想』東京大學出版會、一九九七年

第三章

岩崎英重『桜田義挙録　下編』吉川弘文館、一九一一年

宇田川武久『真説　鉄砲伝來』平凡社新書、二〇〇六年
榎本鐘司「江戸時代前期における四芸としての剣術の成立と撃剣の出現について」『東海武道學雑誌』第十二巻、二〇一七年
『NHK 歴史への招待6』日本放送出版協會、一九八〇年
近藤好和『弓矢と刀剣』吉川弘文館、一九九七年
佐久間亮三・平井卯輔編『日本騎兵史　上巻』原書房、一九七〇年
鈴木敬三「公家の剣の名稱と構造」宮崎芳樹編『刀剣美術』三四號、一九五五號
鈴木真哉『刀と首取り』平凡社新書、二〇〇〇年
鈴木卓夫『作刀の伝統技法』理工學社、一九九四年
高木昭作『日本近世國家史の研究』岩波書店、一九九〇年
塚本學『生類をめぐる政治』平凡社選書、一九八三年
『特別展　草創期の日本刀』佐野美術館、二〇〇三年
トーマス・コンラン「南北朝期合戦の一考察」大山喬平教授退官記念會編『日本社會の史的構造　古代・中世』思文閣出版、一九九七年
中村博司『天下統一の城・大坂城』新泉社、二〇〇八年
日本乘馬協會編『日本馬術史　第一・二巻』原書房（復刻版）、一九八〇年
林田重幸「日本在來馬の源流」森浩一編『日本古代文化の探究　馬』社會思想社、一九七四年
藤本正行『信長の戦國軍事學』JICC 出版局、一九九三年

矢田俊文「元就の軍事刀と戦術」河合正治編『毛利元就のすべて』新人物往來社、一九八六年
山岸素夫・宮崎眞澄『日本甲冑の基礎知識』前掲
横山輝樹『徳川吉宗の武芸奨勵』思文閣出版、二〇一七年

第四章

有馬成甫『北條氏長とその兵學』軍事史學會（発売明隣堂書店）、一九三六年
石岡久夫『日本兵法史』上、雄山閣、一九七二年
豬瀨直樹『ペルソナ』文藝春秋、一九九五年
大岡昇平『堺港攘夷始末』中公文庫、一九九二年
笠谷和比古「武士道概念の史的展開」同『武家政治の源流と展開　近世武家社會研究論考』清文堂出版、二〇一一年
川田貞夫『人物叢書新裝版川路聖謨』吉川弘文館、一九九七年
小池喜明『葉隠』講談社學術文庫、一九九九年
佐伯真一『戦場の精神史』日本放送出版協會、二〇〇四年
佐伯真一「「武士道」研究の現在」小島道裕編『武士と騎士日歐比較中近世史の研究』思文閣出版、二〇一〇年
佐藤進一『日本の歴史9南北朝の動亂』中央公論社、一九六五年

相良亨『相良亨著作集3武士の倫理・近世から近代へ』ぺりかん社、一九九三年
島田虔次『中國の伝統思想』とくに「中國」「中國の伝統思想」、みすず書房、二〇〇一年
伊達宗克『裁判記録「三島由紀夫事件」』講談社、一九七二年
千葉徳爾『切腹の話』講談社現代新書、一九七二年
古川哲史『武士道の思想とその周辺』福村書店、一九五七年

第五章

淺野佑吾「明治陸軍の戦史研究について」『軍事史學』七巻四號、一九七二年
大江志乃夫『日露戦争の軍事史的研究』岩波書店、一九七六年
菅野覚明『武士道の逆襲』講談社現代新書、二〇〇四年
向後恵理子「英雄の古層」前田雅之他編『幕末明治』勉誠出版、二〇一六年
白峰旬『新解釈　関ヶ原合戦の真実』宮帯出版、二〇一四年
園田英弘・濱名篤・廣田照幸『士族の歴史社會學的研究』名古屋大學出版會、一九九五年
田中康二『本居宣長の大東亜戦争』ぺりかん社、二〇〇九年
中林信二・中森孜郎「武道」『CD-ROM版　世界大百科事典　第二版　プロフェッショナル版』日立デジタル平凡社、一九九八年
藤木久志『刀狩り』前掲

藤本正行『信長の戦國軍事學』前掲
保谷徹「近世」高橋典幸他『日本軍事史』吉川弘文館、二〇〇六年

終章

海津一郎『蒙古襲來』吉川弘文館、一九九八年
川田貞夫『人物叢書新装版　川路聖謨』前掲
木俣滋郎『日本特攻船艇戦史』光人社、一九九八年
佐伯真一「日本人の「武」の自意識」渡辺節夫編『近代國家の形成とエスニシティ』勁草書房、二〇一四年
中村義雄『魔よけとまじない』塙新書、一九七八年
福永光司「道教における鏡と劍」『東方學報』第四五冊、一九七三年
藤井讓治『江戸時代の官僚制』前掲
村上直・馬場憲一「江戸幕府勘定奉行と勘定所」同編『江戸時代勘定所史料』吉川弘文館、一九八六年

圖片來源一覽

（省略已記入「文獻一覽」中的資料來源）

図〇—二　『広辭苑』第六版図版、岩波書店

図一—一　髙橋昌明・山本幸司責任編集『朝日百科・日本の歴史別冊8　武士とは何だろうか』朝日新聞社、一九九四年、二一三頁

図一—四　三—一鈴木敬三編集解説『古典參考資料図集』國學院高等學校、一九八八年、七五。七六・一一三頁

図一—五　鈴木敬三『甲冑寫生図集解説』吉川弘文館、一九七九年、二三頁

図一—六　山岸素夫・宮崎眞澄『日本甲冑の基礎知識』前掲、二三五頁

図二—一　高橋富雄他編『図説　奥州藤原氏と平泉』河出書房新社、一九九三年、二三頁

図二—三　石井進『鎌倉武士の実像』前掲、一〇一頁

図三—二　馬の博物館編、図録『秋季特別展　鎌倉の武士と馬』馬事文化財団、一九九八年、十二頁

図三—四　石井昌國『蕨手刀』雄山閣出版、一九六六年、三〇一—三一五頁より抜粋

図三—六　『北斎漫畫図録』芸艸堂、一九九八年、六二頁

図四—二　酒井憲二編『甲陽軍鑒大成　第二巻（本文篇下）』汲古書院、一九九四年、一三三頁

図四—三　小松茂美編『続日本絵巻大成17　前九年合戦絵詞　平治物語絵巻　結城合戦絵詞』中央公論社、一九八三年、一一八頁

図六—一　小松茂美編『日本絵巻大成21　北野天神縁起』中央公論社、一九七八年、四一頁

後記

「サムライブルー」（Samurai Blue）足球隊，「サムライジャパン」（Samurai Japan）棒球隊。大多數人不會對代表日本的國家男子體育隊冠以「サムライ（侍，samurai）這一名稱感到不可思議。

但是，武士的戰鬥和運動員的體育競技是完全不一樣的。如果單說用身體進行較量的這一方面，體育和戰鬥或許有共通之處。但兩者決定性的不同在於，武是伴隨着對人的傷害的，而體育的勝負則是以約定保證安全為前提的。因此便有規則，違反規則就是犯規，要減分甚至判輸。將在和平的環境和配備齊全的設施中進行的、遵守公平守則的安全競爭比作武士的戰鬥，不是太胡來了嗎？

日本國家足球隊的隊服上的標誌是三足烏鴉，即八咫烏。據《古事記》和《日本書紀》記載，八咫烏是傳說中的第一代天皇神武從熊野攻入大和時在險峻道路上為其引路的大型烏鴉。日本足球協會的前身大日本蹴球協會將其採用為徽記，是在滿洲事變發生的昭和六年（一九三一）。在戰前、戰中，八咫烏和金鵄（神武東征時落在弓尖的金鳶）、雕一起被用作和軍事相關的設計。戰後，它們被用作陸上自衛隊中央情報隊等部隊的標誌。

也許有人說八咫烏的設計並沒有時代錯誤。但女子足球隊的愛稱是「なでしこジャパン」（nadeshiko Japan），即大和撫子。這個詞近年來沒怎麼用了，它將日本女性比作瞿麥的花，指保守、不起眼但是懂規矩、高雅，關鍵時刻能幫助男性、守衛家庭的可靠的女性。我們無法否認，它體現了對男性非常有利的女性觀，它和男子戰鬥的形象呼應，彼此是相互強調的關係。

雖然話題都集中在足球上了，但筆者完全沒有和日本足球協會對着幹的意思。不單單是這個協會，不知從何時起，在國際體育舞台上競技的人，或者更廣泛的、各個領域中活躍在海外的日本人，以及挑戰組織之高牆的特立獨行的人等都被形容為 samurai，這已然變成一種陳詞濫調了。作為本書的作者，筆者非常擔心。

※※※

二〇一七年十一月，美國總統特朗普在訪日前接受FOX NEWS（美國的專業新聞電視台）的採訪時說：「日本是武士之國（warrior nation）。我要向中國以及其他正在聽這段採訪的人事先說清楚，如果一直放任朝鮮和這樣的事態發展，就會和日本之間產生大問題。」（AFP BB News）也就是說，他警告中國，如果不認真面對朝核危機的話，作為「武士之國」的日本就有可能自己採取行動了。

二〇一五年，日本通過了允許行使集體自衛權的《安全保障法案》。美國總統的發言是以此為前提的，也是將日本作為「武士之國」的印象和記憶用作威脅亞洲各國及其人民的工具。而另一方面，日本人也切實地感到恐懼，萬一美國和朝鮮之間爆發戰爭，日本作為「武士之國」參戰的事態有可能變成現實，這樣的時代已經到來了。不能讓美國總統說這樣的話。

現代日本人當然不是武士，《日本國憲法》拒絕「武士之國」的概念已經達七十年以上。並且，本書也一直闡述日本在歷史上作為「武士之國」實際上只是一時的。雖然有些僭越，但筆者還是要再次強調，在思考日本今後的前進道路時，這種看待歷史的觀點也十分重要。

※※※

本書得以完成，除了正文內提到姓名的各位之外，還得到了近世史專家水本邦彥、藤井讓治、添田仁的指教。多虧彥根城博物館的學藝員古幡升子的關照，我才有機會仔細觀看櫻田門外之變時被實際使用的彥根藩士的刀。在此對大家深表感謝。

考慮到本書的特點，在引用史料時筆者優先考慮的是易讀，所以將其翻譯成了現代語，還修改了一部分表記。雖然已經盡了相當大的努力，但尚不知是否敘述成功。懇請各位讀者盡情推敲，給予嚴厲的指正。

本書是筆者寫的第三本岩波新書了，一直都是和新書編輯部的古川義子女士共同作業，再次對她出色的管理表示感謝。

高橋昌明

二〇一八年三月十二日

責任編輯　洪永起
書籍設計　霍明志
排　　版　肖　霞
印　　務　馮政光

書　　名　武士の日本史
作　　者　高橋昌明
譯　　者　黃霄龍
出　　版　香港中和出版有限公司
Hong Kong Open Page Publishing Co., Ltd.
香港北角英皇道四九九號北角工業大廈十八樓
http://www.hkopenpage.com
http://www.facebook.com/hkopenpage
http://weibo.com/hkopenpage
Email: info@hkopenpage.com
香港發行　香港聯合書刊物流有限公司
香港新界荃灣德士古道二二〇－二四八號荃灣工業中心十六樓
印　　刷　美雅印刷製本有限公司
香港九龍官塘榮業街六號海濱工業大廈四字樓
版　　次　二〇二一年七月香港第一版第一次印刷
規　　格　三十二開（148mm × 210mm）三〇八面
國際書號　ISBN 978-988-8763-20-7